ODAの現場で考えたこと

日本外交の現在と未来

草野 厚

Kusano Atsushi

1154

NHK BOOKS

NHK出版【刊】

Printed in Japan
［地図作成］原　清人

ＯＤＡの現場で考えたこと――日本外交の現在と未来

【目次】

本書で著者が訪れた国ぐに

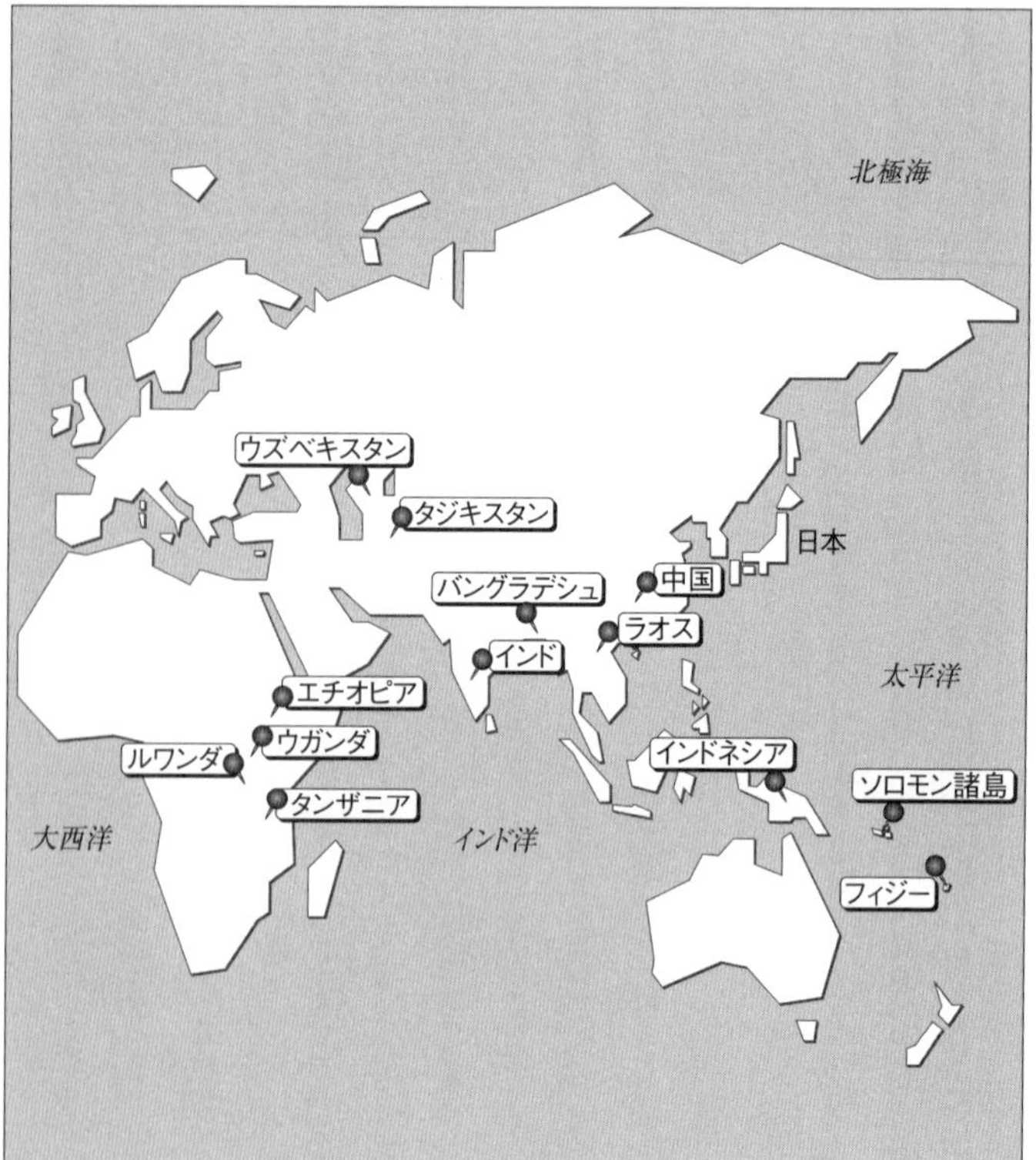

はじめに

　はじめて途上国を訪れたのは一九八九年。バングラデシュとインドだ。なかでも衝撃的だったのは、インドだ。視野に入った貧しさの広がりに目を覆った。今ではインド経済成長の拠点ともいえるムンバイ（当時はボンベイ）だが、世界でも類のない規模のスラムに不思議な秩序をもって掘っ立て小屋が立ち並ぶ光景に啞然とした。いったい、何キロ続くのだろう。心底、衝撃を受けた。ニューデリー。狭い通りを、さまざまなものがうごめいている。自転車、力車《りきしゃ》、バス、トラック、乗用車、牛、犬、鶏、ロバ、象……それらを縫うように、人が歩く。杖をついた足もとのおぼつかないお年寄りもいる。インドの国民車、アンバサダーに乗っていると、開けた車の窓から、ドローンとした温風とともに、けたたましいクラクションの響きが飛び込んでくる。後に、インドでは、車はクラクションから摩耗《まもう》すると知った。ガンジス川をふと見ると、猫の死骸が浮いている横で、平気で水浴びをする人がいて、なんと歯まで磨いている。えらいところに来てしまったと思った。

　その三日後、アンバサダーのあまりの乗り心地の悪さに気分が悪くなりかけていた私は、相変わらずアンバサダーに揺られながら山奥を移動していた。下痢続きのお腹を気にしながらも、早速、巨大ダム、グジャラート州とマディヤ・プラデシュ州の境に建設されていたナルマダ・ダムの視察に向かったのだ。

日本の円借款供与《えんしゃっかん》の是非が大きく問われた案件だ。不幸にして欧州連合（ＥＵ）も日本も手を引き、ようやく最近になって、インドがみずからの手によって完成させたのだが、私が言いたいのはそのことではない。渇水にあえぐ人びとの苦悩に満ちた表情だ。立ち寄った村の井戸。乾期ということもあるのか、覗いてみたら、下のほうに泥水に近い水が溜まっているだけだった。その水を大事そうに汲み上げ、運んでいく痩身の女性。

この五年ほど前、私は、勤務していた大学を長期休暇し、米国東部のプリンストン大学で研究三昧の日々を送っていた。プリンストンのキャンパスは全米一、二を争う美しさで有名だ。石造りの校舎が点在するなか、春には色とりどりの花ばなが咲き乱れ、秋には、黄色や赤の紅葉が周囲を覆いつくす。私は、夏には、ひと泳ぎしたプールサイドでビールを飲みながら日米関係についての読書に明け暮れ、週末ともなれば、車でワシントンＤＣに行き、書店めぐりをしていた。インドで見た光景との落差はあまりにも大きかった。先進国の目線だけで国際関係、国際政治を考えていたころがなつかしい。

こうした情緒的な観察は、研究にはなじまないかもしれない。しかし、私にとって、八九年の出来事が、政府開発援助（ＯＤＡ、Official Development Assistance）をはじめとする日本の国際協力に本格的に取り組むきっかけとなったことは間違いない。だからといって、青年海外協力隊や非政府組織（ＮＧＯ）活動を通じて途上国の現場に入り、みずから援助をするという決断にはいたらなかった。

もちろん、政府にも援助の実施機関にも属さない私が、ODA政策や具体的案件の形成に携わることはできない。

私にできることはなんだろう。答えは簡単だった。国としての日本の援助のあり方を、民間から考えること。平たくいえば、日本のODAについて注文をつけること。それに尽きるだろう。いや、それこそが、私のこれまでの研究歴を考えるともっともふさわしいに違いない。これまで日本の外交政策を米国や中国との関係を中心に見てきていたし、授業では国際関係を教えていた。先進国中心だった私の視野に、途上国を主役として組み込む。これだと思った。インドに、バングラデシュに行く機会を得たのも、日本のODAを考える勉強会（世界平和研究所主催）への参加を渡辺利夫先生（現拓殖大学学長）に誘われたのがきっかけだった。日本外交としてODAや国連平和維持活動（PKO）をどう進めるべきか。こうして私は、国際協力の世界に入り込むことになった。

国際社会を捉《とら》えるとき、どうしても日本の人びとは欧米をはじめとする先進国を中心に考える。情報源である新聞もテレビも、先進国中心の報道といっていいだろう。たしかに、日本外交の基軸が日米同盟であるように、そうした思考はやむを得ない面もある。しかし、先進国はわずか二〇ヶ国程度だ。インターネットの普及で状況は変わりつつあるが、一七〇を超える途上国はまだまだ日本の人びとの視野には十分に入ってきていない。唯一の例外が中国と、つい最近までの韓国だが、途上国というよりは隣国として、また、歴史的に見て密接な国という観点からの関心だ。

しかし、世界が抱える課題は、良くも悪くも、もはや途上国なしには考えられないし、対策も決められない。経済、環境、安全保障いずれの分野でもそうだ。そのことは、先進国の首脳の集まりだった主要国首脳会議（サミット）が、G8から、BRICs（ブラジル、ロシア、インド、中国）をはじめとする途上国を加えたG20に変貌しつつあることからも明らかだ。こうしたことを考えると、日本の人びとはもっと途上国に目を向けなければならないだろう。

本書の大半は、私が訪れたODAの現場で見たり聞いたりしたことからなっている。訪問した国は、インド、バングラデシュにはじまり、中国、インドネシア、東ティモール、タイ、フィリピン、マレーシア、ベトナム、ラオス、カンボジア、ミャンマー、ウズベキスタン、タジキスタン、トルコ、エジプト、ケニア、タンザニア、ウガンダ、ルワンダ、エチオピア、ガーナ、ソロモン諸島、フィジーと二〇ヶ国を超える。バングラデシュやインドネシア、タイ、ラオスなど、三度も四度も訪れた国もある。そのたびに新たな発見がある。数えてみたら二〇〇を超える日本のODAの現場を見る機会を得た。本書がそのすべてを網羅することができないのはもちろんだ。

考えてみると、こうした現場主義は中学時代にさかのぼる。当時、毎年の夏休み明けに、通っていた慶應の普通部（中学）では労作展とよばれる、夏期宿題の展覧会が行われていた。私は三年間、毎年、夏休みになると東京近郊の城跡めぐりに時間を費やした。その数は四〇ヶ所を超える。一緒に行ってくれた祖父が語る歴史の話にわくわくしながら耳を傾け、楽しい時間は過ぎていった。五〇年近くも前のことだ。今でも途上国に出かけることに抵抗感がないのは、中学時代の城跡めぐりの高揚感に重ねることができるからかもしれない。

現場訪問を重ねてきたことを、多少、理屈っぽく説明すれば、次のようになる。政策や案件の是非を検討するのに、現場の匂いや、人びとを知らないというのは失礼な気がするからだ。もっとも、ごく短期間だし、長期に滞在している人びとからすれば、何も見ていないのと同じとの批判はあるだろう。そうした限界はあるが、冒頭のインドでの経験が示すように、間違いなく現場は何らかの刺激を与えてくれる。短期であれ、行ってみないことには、この刺激を味わうことはできない。実はこの本の影の主役は中国である。読み返して確認した。どこへ行っても援助国としての中国の存在が大きい。そんなことも現場視察ならではのことだ。

本書のもう一つの特徴は、メディアのODA報道を視野に入れていることだ。本編で詳述するように、権力批判が主要な機能であるメディアは、新聞もテレビも政府が行う海外での公共事業であるODAに対して、しばしば批判的になる。なかには、本当だろうかと思える報道もある。実際に現場に足を運ぶと、違った見方ができることもある。他方、援助の関係者にとり、痛いところを突かれたという貴重な報道ももちろんある。重要なことは、人びとのODA観は、メディア報道により作られるということだ。できるだけ多様な情報が人びとにもたらされることが望ましい。第九章ではインドネシアのビリビリ・ダムを、第一〇章では同じくコトパンジャン・ダムをとりあげ、メディア報道とは違う視点を提供している。

前置きは、このぐらいにして、早速、本編に入ろう。

第一章　永遠の課題としてのＯＤＡ

一　意識のずれを埋めるには

よいことと知りつつも、素直にそうですかと言えないことがある。その典型例がＯＤＡではないだろうか。

ＯＤＡ予算を増やすべきだと言われても、誰だって他人よりもわが身がかわいい。だから、他国よりも自国のことを優先しがちになるのも無理はない。ましてや巨額の財政赤字を抱えているわが国にとって、当然の反応だろう。たとえば国内政策に対してならば、人びとの反応は異なる。高齢化が急速に進むなか、社会保障費を増やすべきだと言っても反対する人は少ないだろう。どう考えても、途上国の人びとの支援に熱意を注ぐＯＤＡ関係者にとって状況は不利だ。

「格差問題は日本でも深刻かもしれませんが、途上国と先進国の格差は、その比ではないのですよ」、「人道的な観点から、貧しい人びとを見殺しにすることはできますか?」、「資源小国の日本は、天然資源の大半を、途上国をはじめとする諸外国からの輸入に頼っています。そうした国ぐにとの友好関係の維持は必要でしょう」、「日本国憲法の前文には、いずれの国家も、自国のことのみに専念して他国を無視してはならないとありますよね」。これらのフレーズのあとに、「だからODAは日本にとって重要であって、予算も増やすべきなのです」、「それができないのなら、少なくとも、この一〇年ほど続いてきた、ほかの費目以上の削減に歯止めをかけるべきではないでしょうか」と続く。

こうした議論の運びは私もよく使う。おそらく主張自体はどれも間違ってはいないはずだ。にもかかわらず、「ない袖は振れませんよね」、「これから日本は少子高齢化が加速します。国内政策で、これまでよりはるかに税金を使わなければならないのです」、「量ではなく、これからは質の時代ではないですか。少ない予算でも、質の高いODAは実現可能でしょう」といった納税者からの批判には説得力をもって反論できない。

なぜ、人びとは総論賛成(ODAそのものはよい)なのに、各論になると反対ないし慎重な(量は増やさなくともよい)姿勢が顕著なのだろう。内閣府が毎年行っている、外交に関する調査からも明らかなように、経済状況と人びとが考えるODAの量とは密接不可分の関係にある。経済がよければ、人びとの気持ちはおおらかになり、他方、不況時には、財布のひもは固くなる。とりわけ、自国に直接、短期間にリターンが見えない援助は、二の次、三の次になる。近年、これに加え、少子高齢社会の深刻化と財政状況の厳しさという要因が、ODAに逆風となっている。

つまり、ODAとは必ずしも直接的に関係のない要因が、ODA予算に大きくブレーキをかけているのだ。これでは、ODA関係者や支持者が従来の制度や習慣、方法を前提にしつつ、「削減は国益を害する」、「増額に転じないと、国際社会での発言力が損なわれる」と声高に主張しても、耳を傾けてもらえないはずだ。その意味では、このあとすぐ議論するように、経費削減をはじめ制度や方法に対する改善努力が、さらに見える形で必要になる。直接、予算増額には結びつかずとも、環境を整備するという点で重要だからだ。

同時に、支持者を増やす環境整備という意味では、本書のようなODAの現場についての見聞録、さまざまな角度からの考察を加えた報告が重要になる。ODAの実態はまだまだ伝わっていない。現場で、どういった人びとが、どんな悩みを抱えながらODAの案件に取り組んでいるのか。ナマの声はあまり聞こえてこない。政府や国際協力機構（JICA）は必死になって広報しているものの、どうしても、よいところにだけ焦点をあてすぎるきらいがある。メディアは、本書で何度もとりあげるように、基本的に権力批判が主要な機能であるために、ODA関連の記事では批判的になりがちだ。それでも、最近ずいぶんと変化が見られるようになった。戦略論やODAに限らず、途上国の現場ルポは増えてきた。結構なことだ。

もちろん、ODAが目的に沿って行われたのかどうかについては、第三者によるものを含め評価が広範に行われている。しかも、政策、プログラム、個別案件に加え、事前、事後のような時間軸をまじえて行われている。しかしこれらは、専門家や研究者にとってはありがたい情報だが、無味乾燥に過ぎる。一般の人の関心を引くような読みやすいものではない（こうした批判にこたえ、JICAでは大幅な見直しを進めている）。

今回、本書の執筆にあたり現場に焦点をあてた類書を探したが、ODAが日本外交の基盤（私は、日本外交の手段という言い方は、利己的な感じがするのであまり好きではない。それよりも国の成り立ちの根本にあるという積極的な意味合いをもたせて、基盤という表現を使っている）といわれるわりには、新聞記事を除けば、手軽に読めるものはほとんどないことに気がついた。他方、日本の国際協力の現場を紹介するテレビ番組やインターネットの情報は増えつつある。本書のような試みと相互に補完しあうと、日本の国際協力の全体像を理解しやすくなるであろう。

本題に戻ろう。以下の議論は、ODAをとりまく環境が改善したとしても、引き続き指摘される課題だ。

よく俎上にあがる論点は二つある。「戦略がなく、バラマキだ。ムダがあるのではないか」という指摘と「透明性が低いのではないか」という点だ。まず、第一から見ていこう。

たしかにこれまで、省庁間の縦割りにより、ODAに関する主要閣僚が集まって特定の課題について政治主導で議論することはなかった。また、一〇年ほど前まで、日本のODAは基本的に途上国側の要請をベースに行われ、日本側には、その途上国に対する中長期的な視野に立った援助計画がなかったのも事実である。このように、従来から批判されてきた戦略の不足については、政府もいちおうの手立てを行ってきた。内閣総理大臣を議長に、外務大臣、財務大臣、経済産業大臣、官房長官による海外経済協力会議が〇六年四月に発足し、ODAを中心とする経済協力のあり方について少人数で議論するようになったのだ。〇八年五月二〇日には「ODAの量と質について」、〇九年七月一日には「世界と我が国の食料安全保障に関する海外経済協力について」議論している。民主党政権下では〇九年一二月八日に「海外経済協力の在り方について」と題してはじめての会議がもたれた。政治主導をかかげ、各政策等の課題で閣僚委員会を設けていることからすれば、必要に応じ、ODAをめぐっても会議が開催されるはずだ。また、戦略に欠けるとして二〇〇〇年にはじまった国別の援助計画の策定は、ベトナム、バングラデシュ、ケニアなどすでに三〇を超える。もっとも、国別援助計画が不完全なものだとする指摘はあり、精度の高さや、使い勝手の改善が求められている。

こうした、めりはりの効いた、つまりなにがしかの戦略にもとづいた援助を行う努力が続けられてきた一方で、それと裏腹の関係にあるのがODA予算の配分だ。限られたパイ（予算）を、どこの地域・国に配分しているかで、戦略の有無がわかるからだ。たとえば特定の地域・国について、ある時期から援助の予算額が増えたとしたら、そこにはなんらかのメッセージが込められていると考えてよいだろう。減額の場合も同様だ。とりわけ、予算全体が減少を続けてきたなかで、特定の地域への配分が増えている場合には、そのメッセージは明白だ。

したがって、途上国のODA関係者はもちろん、日本の納税者にとっても、国別、地域別に、どの程度のODA予算が投入されているかについて無関心ではいられなくなる。しかし、これまで国別援助計画の策定が行われてきた過去一〇年を振り返ってみても、二〇〇八年の第四回アフリカ開発会議（TICADⅣ、Tokyo International Conference on African Development）前後のアフリカ重視を除けば日本政府が主体的にこの点を明らかにしたことはない。その意味で、〇九年度予算編成を前にした〇九年三月に、外務省がはじめて地域別の予算配分の目標を公表したことは前進と言えよう。もちろん、国別援助計画がそのまま予算配分に反映されているわけではないし、前述した戦略の不足へのさまざまな試みに対しても、内容がともなっていない、不十分であるとの批判は可能である。

第二点の「透明性が低い」との批判には、次のような観点から答えが得られよう。国内政策も守備範囲にしている私から見ると、ODAの公開度は国内の公共事業などに比べてはるかに高いように思う。外務省やJICAのホームページ上から、案件の概要、契約状況、事前・事後の評価を含めた情報についてアクセスが可能だ。

ただし、問題は二つある。一つは、あまりに数が多いために、すべての案件について、こうした情報がアクセス可能な形で整備されてはいないということだ。しかも、使い勝手がよいとはいえない、いや、悪すぎる。それに、評価といっても、第三者による評価が行われていないのではないかとの指摘もある。正しくは、事業を行った相手国を含め、第三者による評価は、すべてではないにしても行われているのだが、そうした点が十分に知られていない。

二つには、おおむね事業の目的は達成されたとの評価が多いことだ。その案件が抱える本質的な問題が、「完全に」ではなく「おおむね」としか書けなかった「隙間」にあるであろうことも多いことを考えると、やはり物足りないとしか言いようがない。この「隙間」については、ほとんど触れられていない。

責任をとらされるのが怖いのか、書きぶりは防御的だ。もっとも、政府の行った事業だから失敗があるに違いない、と第三者が思い込むのも行き過ぎだろう。政府には、メディアの批判的ODA報道から必要以上に防衛本能が働いているのかもしれない。私の持論である、ODAは日本生存の基盤ということからすれば、こうした政府とメディアの関係は不幸以外のなにものでもない。

以上のように、ODAがどのように行われたのかを評価する制度がまがりなりにもできているとしても、改善、工夫の余地は残されている（前述のように、こうした批判にこたえ、JICAは評価の公表内容を失敗案件を含め大胆に変更する予定だ）。

納税者がチェックしにくい海外で行われているODAについては、なにか不正が行われているのではないか、本当に困っている人に支援が届いていないのではないかといった否定的なイメージが、人びとの間に浸透してしまっている。

国際協力推進協会（APIC）が〇九年三月に行った調査で、「ODAという言葉から連想するイメージ」について聞いたところ（五つまで選択可）、「無駄遣いが多い」（三二・六％）、「開発途上国への押しつけ、現地の人に喜ばれていない」（二〇・二％）、「開発途上国での汚職の温床」（二六・三％）、「仕組みが複雑で実態がよくわからない」（一七・九％）などと、否定的なイメージをあげる人が多かった。

その一方で、開発途上国の経済成長（三九・九％）、インフラ（橋や道路など）整備（三七・三％）、食糧援助（二九・六％）など、中立ないし肯定的なイメージをもっている人も多い。しかし、「ODAはどの分野に不要だと思いますか?」との質問では、経済成長は第五位（一五・六％）、インフラ整備は第六位（一四・一％）と予想以上に批判的だ。前年も同様の傾向だ。

このように、ODAがおおむね目的を達成し、大きな問題がないという政府の見解とは反対に、人びとは貧しい人びとを支援するという目的には肯定的な印象をもちつつも、実施の過程についてはおおいに批判的である。また、中身については、とくに経済インフラについて否定的なイメージをもつ人が多いことがわかった。

こうした経済インフラへの否定的なイメージは以前から存在するが、ここ一〇年ほど政府がとりわけ強調してきた「経済成長を通じた貧困削減」の主張や、経済成長にはインフラ整備は不可欠との主張とは対立してしまう。貧困削減のために直接困っている人びとに、保健や医療、食糧に予算を使うべきだとの主張はもちろん説得力をもつが、それだけでは途上国の中長期的な経済的離陸は見込めない。

まわり道のように見えても、道路や港湾などのインフラの整備は、工場の立地、雇用の創出、市場の育成に必要不可欠だ。経済発展に民間投資が必要だとしても、道路も電気もないところに、企業は進出しない。残念なことにこうした理屈は、まだまだ十分に理解されていない（民主党政権のO

DA政策は定かではないが、東アジア共同体の重要性の指摘からすれば、「経済成長を通じた貧困削減」に否定的であるとは思われない)。他方、直接的な弱者救済への支持は多い。ただ、私が教えた経験からすると、半年でもODAのことを基礎から勉強すると、インフラ整備の重要性に理解を示す受講生が多い。

いずれにせよ、日本のODAについて、人びとは否定的なイメージをもっているようだ。たしかに、日本の公的な資金が、貧しい人びとに直接届くことが望ましい。しかし、途上国だからというわけではないかもしれないが、統治能力は経験を積んだ民主主義国とは比べものにならないぐらい低い場合が多い。先進国でさえ、国会議員による政治資金の、官僚による国費の不正使用はあとを絶たない。推して知るべしだろう。

したがって、途上国の統治能力の向上を目標としてODAを行うべきなのか、統治能力が向上したことを確認したあとに支援をするべきなのか。どちらにせよ、鶏とたまごのような議論にはあまり意味がない。私は、統治能力強化のため(法整備や行政改革などソフトの支援)にODAを使うと同時に、案件を遂行しながら、指摘されているような問題点がないかどうか、チェックするのがよいのではないかと考えている。

相手国に日本のODAは喜ばれていないのだろうか。本当であれば悲しい。私は、日本のODAは、途上国のすべての人びとの支持を得ているとは思わないが、七割ぐらいの人からは好意的に評価されていると思っている。解決されなければいけない課題は、もちろんあるが、途上国の人びとの生活の向上に着実に役立ってきたと思う。そして、ODAのもう一つの目的である、対日認識の向上にも寄与してきたと思う。

あとで詳述するが、ラオスでは日本の援助で完成したアーチ型の美しいパクセー橋が一万キープ紙幣に登場している。切手では、第二メコン国際橋（現地名称：第二友好橋）や国道一三号線橋もある。日本の援助が、失敗だったり評判の悪いものであるならば、途上国でこうした扱いを受けることはないだろう。

日本の国際協力でODAと並んで重要な自衛隊の協力でも、明らかにODAはプラスに働いている。自衛隊の海外活動地で、唯一私が訪れたことのあるイスラエルとシリアの間に展開するゴラン高原PKOで聞いたエピソードがそれを現している。ゴラン高原での自衛隊の任務の一つは、PKO活動に従事する多国籍軍の隊員への食糧や水をシリアに買い付けに行くことである。かなりの長距離をシリア国内で走る。中東和平で鍵となることから日本は戦略的な観点に立ち、シリアに対してODAを継続的に供与してきた。その効果は、良好な対日認識という形で返ってきている。「日本にはODAでお世話になっています」との声を隊員たちはシリアの人びとからよくかけられたのだそうだ。

もっとも、こうした援助の現場の様子は、なかなか日本には伝わってこない。そのことが、また、ODAの否定的なイメージを作り上げてしまう。現場を見に行く機会も、〇八年度まで実施されてきたODA民間モニターなどの例を除けば、ほとんど一般の人びとにはない（費用対効果の点で問題だとして、自民党の無駄遣い撲滅プロジェクトチームで査定ゼロとなり、〇九年度予算では未実施となった）。結局、新聞やテレビの報道を見聞きしたものを通じて、ＯＤＡに対する人びとのイメージは作られる。

ここで、ややこしいことが起こる。権力批判がその機能の一つのメディアは、どうしてもＯＤＡの否定的な側面に注目しがちになることだ。よい面があったとしても、問題点、疑問点の指摘を優先させてしまう。前述の、無駄遣いや汚職などのイメージは、こうした報道によって植え付けられる。メディアの報道姿勢に多少の変化は認められるとしても、今後もその基本は変わらないだろう。

批判の角度も気になる。ＯＤＡは途上国との共同作業であるにもかかわらず、責任の所在は、主として日本側にあるという報道も各社に共通する。日本政府は十分調査したのか、現地の人びととのことを十分考えたのか、環境配慮を十分行ったのかなどなどである。日本側の情報のほうが入手しやすいという事情もあるだろう。日本側に非があり、途上国の人びとは犠牲者だという、単純な二元論にもとづく報道があとを絶たない。

しかし、繰り返し指摘してきたように、ＯＤＡの対象国は、必ずしも政治、社会システムが先進国と同様のレベルにはない。行政の非効率性、人びとのモラルの欠如など、さまざまな事柄が度を越して起こる。その結果、ＯＤＡの案件にしても、当初の予定どおりに完成しなかったり、事後の維持管理がうまくいかないこともある。なかには失敗といった例もある。日本側が精いっぱい頑張っても、そのとおりにはならないこともままある。もちろん、日本側に責任があるということも当然ある。問題は、こうしたＯＤＡの実施の難しさを率直に指摘した報道をあまり見かけないことだ。

どの途上国も着実に明るさを増してはいるが、貧困からの脱却への道のりは依然として遠い。先進国がさらなる豊かさを享受するなか、地球全体の貧富の差は一層拡大している。〇七年の貧困率が一五・七％に達したとはいえ、日本国民は憲法二五条によって最低限の生活を保障されているが、地球市民の一員である途上国の人びとはそうではない。生活保護などのセーフティネットもない。ネットカフェでの冷暖房完備の難民も途上国では考えられない。彼らが法的に守られていないとすれば、相対的に豊かな先進国の人びとがそれを補うのは、当然の責務ではないだろうか。

現在では、民間からの資金の流れがはるかにＯＤＡを上まわっているが、それでもＯＤＡへの期待はなくなるどころか増している。民間企業にとっては、設備投資をしようにも、道路や港湾、空港が十分に整備されていなければできないからだ。民間企業がその穴を埋めるのはリスクが大きすぎる。そこで公的な資金であるＯＤＡの出番となる。

ＯＤＡの究極の目的が日本のファンを増やすことだとすれば、顔の見える援助が望ましい。専門家や青年海外協力隊、それぞれの案件を支える技術者など日本人の活躍の場としてＯＤＡをおおいに活用したい。

日本国内に目を向ければ、冒頭に記したように、国民の大半が享受している豊かさは、途上国に支えられている点を心に刻むべきだろう。日本は途上国に依存しなければ、食卓さえ維持しえないのだ。しかし、その事実はほとんど忘れられている。そう考えれば、日本がＯＤＡを展開している途上国の現場が、どのような状況になっているのかを伝える意味はあるだろう。日本の援助関係者は、外務省はじめ各省庁、現地の大使館、ＪＩＣＡや国際協力銀行（ＪＢＩＣ、〇八年一〇月一日、国際協力銀行の国際金融部門が株式会社日本政策金融公庫に、海外経済協力部門が独立行政法人国際協力機構、JICAにそれぞれ統合)、NGO、民間企業と多岐にわたる。それぞれの人びとが、どのようにODAに取り組んでいるかを知ることが必要だろう。

本書のレポートは前述したように開発経済学的知見にもとづく評価ではない。その意味では、おおいに主観的であり、関係者からは、それは少し違うという指摘もあるだろう。時間を経たあとの記述のために、それは五年前の問題だ、などとの批判もあるかもしれない。しかし、メディアとは違った見方、援助の現場の方がたとも違った見方は、多様な情報の提供という点では一定の意義があるだろう。

もとより、本書によって、ODA予算の規模が膨らむと考えるのは短絡的に過ぎよう。しかし同時に、ODAは考えるよりもシステムが複雑で、その実施には困難がつきものであること、にもかかわらず理想に燃え、その実現に向かって日本の援助関係者が奮闘している姿を描くことができれば、本書を世に問うた意義はあったことになる。

次節では、ODAという言葉は聞いたことがあるが、その基礎的事柄は十分に知らないという読者のために、仕組みやデータを紹介しよう。もちろん、拙著『なぜ日本は地球の裏側まで援助するのか』(朝日新書)などで、ODAの概要をすでに学んでいる人は、ここは斜め読みしていただいても構わない。

二　本書を読むにあたって

ODAの目的

ODAにはODA大綱とよばれる、理念（目的、方針、重点）を記した文書がある。二〇〇三年八月に閣議決定された。目的には「国際社会の平和と発展に貢献し、これを通じて我が国の安全と繁栄の確保に資する」とある。つまり、ODAは途上国の人びとのためにだけではなく、税金を使うのだから、なんらかの形でその成果が日本国とその国民に還元されることを目的にしているのだ。

「我が国の安全と繁栄」は国益と言い換えてもよいが、それに対しては批判もある。途上国への援助は利他的なものではないかというのだ。しかし、多額の税金をはじめとする公的な資金を使って援助を行う以上、中長期的に見て日本が国際社会で生き残るためにプラスになることが大前提だろう。他方、目に見える短期的な形のリターンこそ必要と主張する人びともいる。私は前者だ。「情けは人のためならず」、つまり、人に親切にすれば、めぐりめぐって、結局、日本にもなんらかの報いがあるとの格言を思い出したい。

日本のODAがカバーする分野は、貧困層に直接的に役立つ、保健、医療、食糧支援、給水、教育、農業などに加え、経済発展を通じた貧困削減を実現させるための道路、港湾、空港、発電などの整備から、情報通信技術（ICT）、政府の行政能力を高めるためのガバナンス支援、民法、商法などの法整備、さらには、地球規模の環境案件など多岐にわたる。冷戦後の途上国地域での紛争の多発により被害を受けたのは、そこに住む人びとである。国の内外で発生した難民の支援、紛争に参加した兵士の社会復帰のための職業訓練などもＯＤＡの対象だ。カバーしていない分野を探すのが苦労するほどだ。

ＯＤＡの形態

以上のようなさまざまな分野への援助は、どのように行われているのだろう。日本の二国間ＯＤＡには、三つの形態がある。無償資金協力、有償資金協力（円借款）、技術協力だ。

無償資金協力は、贈与、つまり完全にただで差し上げるものである。病院や学校の建設、病院・学校で使用する資機材の提供が主であるが、場合によっては、道路や港湾、空港ビルなどの経済インフラも対象となる。

これに対して、有償資金協力は超低利の貸し付けである。償還期間が長く、返済猶予の据え置き期間（通常一〇年）のある、借り手にとって有利な貸し付けである。主として、道路、発電所、空港など大型の経済インフラが中心だが、現在では、地球規模の環境案件も多い。若い人にはなじみのない呼称かもしれないが、通常、円借款とよぶ。

以上の資金協力に対して技術協力は、日本の専門家を途上国に派遣したり、途上国側の技術者に日本で研修してもらう協力の形態だ。ここには、本書の主役の一つ、青年海外協力隊の活動も入る。

以上の三つの協力形態のうち、貸し付け金の返済能力がないとみなされる途上国に対しては無償及び技術協力が実施され、返済能力がありとみなされる国には、無償、技術協力に加えて円借款が行われる。外務省ホームページのODAサイトに入り、世界地図上の特定の位置をクリックすると、どこの国に、具体的にどのような案件を支援してきたかがわかる。円借款が行われていない国があったら、それは返済能力が不十分だと日本政府が判断したからだと思って間違いない。円借款の対象国は、途上国全体で一五〇を超えるなか、現在はその二割程度だ。

日本の円借款の返済率は、一九八〇年代に世界銀行や国際通貨基金（IMF）との協調融資で貸し付け、返済が滞ったアフリカ向けを除けば順調だ（アフリカ向けについては九九年のケルンサミットで、キリスト教の五〇年に一度の記念の年に、各援助国及び機関は債務を帳消しにすることで合意し、日本もならった）。案外知られていないが、巨額の円借款によって経済インフラを整備し、経済発展の足がかりをつかんだ中国は、返済でも優等生だ。

別の角度からODAを整理しておこう。それは、日本の援助が、特定の途上国に対する援助（二国間援助）と国際機関を通じた援助の二つに分けられるという点だ。日本のODAというと、すべて二国間援助のように思われがちだが、おおよそ七割にしか過ぎない。あとは、国連開発計画（UNDP）、世界銀行、国連難民高等弁務官（UNHCR）などへ拠出することで、間接的に援助を行っている。つまり、国際機関独自のプロジェクトに対して、日本が資金援助を行っていると言ってよい。

さらには、日本のODAを時間軸で整理することもできる。緊急時の援助と平時の援助、さらにはその中間的な状況での援助だ。

緊急時の援助といえば、二〇〇八年五月の四川《しせん》の大地震の時に、中国から大変に感謝されたJICAの緊急援助隊の活動が有名だ。医師、看護師などからなるチームが、派遣要請から二四時間以内に日本を発ち、被災地で救助活動をはじめている。こうした注目を浴びる緊急援助隊だが、ODAで実施する案件の大半は平時において展開されている。

私が本書でとりあげるODAの現場も、大半が平時、あるいは平時に復帰しつつある状況下での支援だ。しかし、治安が悪化するアフガニスタンでも、七〇名ほどの日本の援助関係者が厳しい状況のもとで奮闘している。明らかに平時でない状況でも、日本の援助関係者は、途上国の人びとに役立ちたいと活動しているのだ。残念なことに、こうした活動はほとんどメディアの視野には入らない。自衛隊は行けなくとも、民間人の専門家は活動しているのだ。

日本のODAの予算と実績

外務省の業務の大半が相手国との交渉ということからすれば、ODAは、外務省の業務としてはかなり異質である。国内、とりわけ財務省との関係が重要だ。国土交通省の公共事業や厚生労働省の社会保障と同様に、どれくらいの資金が途上国支援に使えるかを常に気にかけなければならないからだ。

図１　一般会計ODA当初予算の推移（外務省HPより作成）

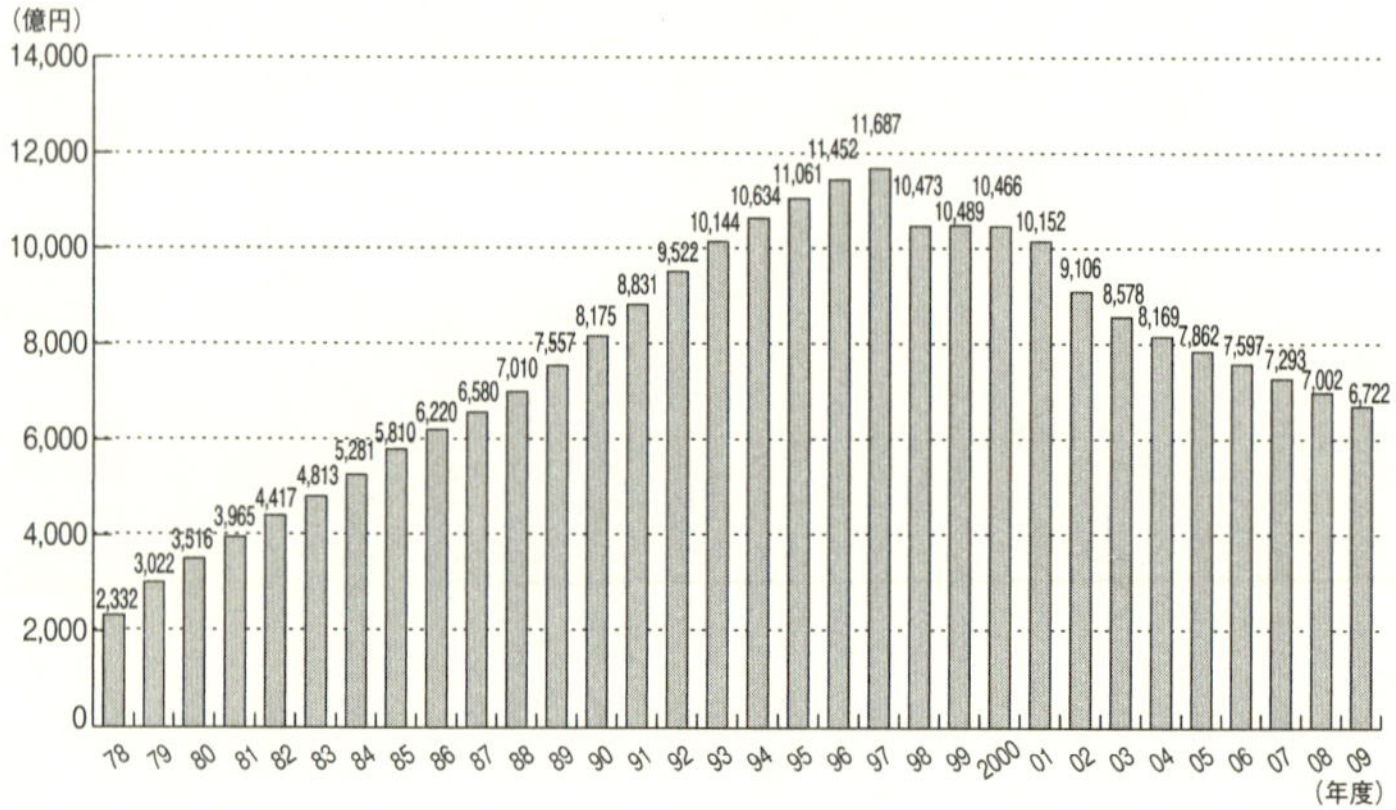

○九年度を例にとるとＯＤＡの原資は、もっとも大きな政府の財布である一般会計予算と、第二の予算である、年金、郵貯などを原資とする財政融資からなる。この二つを合わせて事業予算とよんでいる。一般会計予算で、無償資金協力や技術協力の大半が、また円借款の一部、国連機関の分担金・拠出金がまかなわれる。他方、財政融資資金からは円借款の大半と技術協力の一部が手当される。さらに特別会計、出資国債も財源の一部を担う。図1から明らかなように、九八年度（当初予算）以降、○一年の例外を除き、一二年にわたって減少を続け、○九年度の予算規模は二〇年前の八八年度を下まわる。

他方、国際比較では、援助国の国際フォーラムである経済協力開発機構（ＯＥＣＤ）の開発援助委員会（ＤＡＣ、Development Assistance Committee）に毎年報告される実績が重要になる。予算はあくまで予定であり、実際に案件の実施が決まって執行された資金額で、Ｄ

ＡＣは比較をする。図２から明らかなように、〇六年（暦年）に日本は第三位に、さらに翌〇七年には第五位に転落した。二〇〇〇年までの世界第一位が嘘のようだ。

図２　DAC主要国の政府開発援助実績の推移（支出純額ベース）

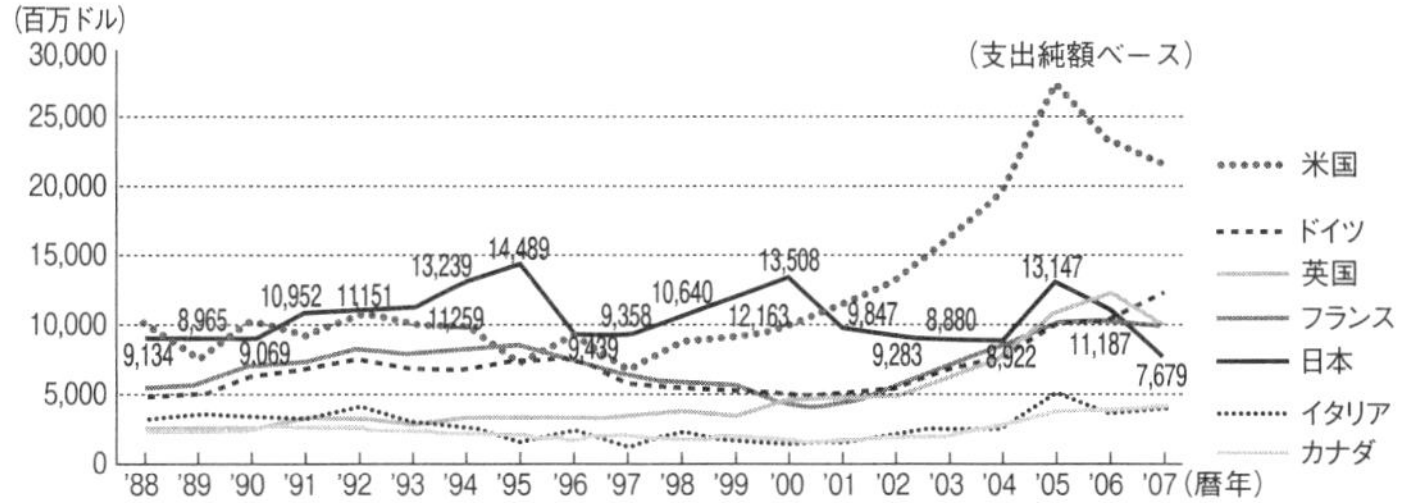

出典：2008年版　政府開発援助（ODA）白書　日本の国際協力

本章の冒頭でこうした状況に危機感をもつＯＤＡ関係者と納税者の代表的な感想を紹介したが、その議論の裏付けとなるデータは、ここに示した二つの図である。みなさんはどう思われるであろうか。私は、本書の最後でも述べるが、自衛隊の協力が国際標準に達するように国内的調整を急ぐとしても、国際的に見て比較優位のあるＯＤＡを自動的に毎年一定比率削減するという方法は、いささか乱暴だと思う。そこには、日本が今後、国際社会においてどのような存在感をどのような形で示すべきかといった政策判断がないのだ。

日本のＯＤＡ体制

この一〇年ほどの間に、日本の援助体制は急速に整備されたといってよい。前述のように戦略を議論すると想定される、内閣総理大臣、外務大臣、財務大臣、経済産業大臣、官房長官からなる海外経済協力会議があり、特定の地域や国に対する援助政策を外務省が担い、それを受けて具体的な案件の形成を実施機関のＪＩＣＡが受けもつ。これら三層と密接な協力関係にあるのが、援助の実施過程で登場する民間企業やＮＧＯということになる。もちろん、これらを間接的に見守るのが、納税者やメディアだ。

しかし、ＯＤＡの目的のところで触れたように、日本が援助する分野は、保健、医療にはじまり、道路整備、地球環境、さらには政府の行政能力強化のための法整備支援など多岐にわたっている。外務省やＪＩＣＡが途上国政府との窓口機能を果たすとして、分野ごとの人材は各省庁に依存することになる。国土交通省、厚生労働省、環境省、法務省など、技術協力に限っていえば全省庁の協力が必要となる。もちろん最近では民間企業から専門家として派遣される例も少なくないから、ＯＤＡはまさにオール・ジャパンとしての事業といってよい。もっとも、ＯＤＡ予算自体は外務省予算として計上される点には注意が必要である。

これらの体制が整っていることと、十分に目的に沿って機能しているかは別問題であることは言うまでもない。どのような成果があがっているのか、どのような改善点があるのか、精査が必要だ。細部に踏み込むことはできないが、問題点を指摘しておこう。

日本のＯＤＡの政策と評価

〇三年のＯＤＡ大綱を受けて、より具体的な政策を列挙したのが〇五年の中期政策であり、その冒頭には、国連が策定した「ミレニアム開発目標（ＭＤＧｓ）」、地球的規模の問題を始めとする開発課題への取組を進めるとともに、多発する紛争やテロを予防し、平和を構築することは、国際社会が直ちに協調して対応を強化すべき問題である」などと書かれている。

この中期政策を受けて、各年度ごとにどのようにＯＤＡをもちいるかという重点方針が立てられている。〇九年度では、金融・経済危機への対応、テロ撲滅、環境・気候変動への対応、アフリカ支援やＭＤＧｓ実現、途上国への投資促進の環境整備、国際協力への国民参加とＮＧＯとの対話があげられた。さらに、各年度ではないが、前述した国別援助計画が、より効率的・効果的な援助の実現を目指して九八年から作られている。バングラデシュ、ベトナムにはじまった国別援助計画は、〇九年八月現在二九ヶ国分が策定済みで、新規策定国として四ヶ国、改定国として七ヶ国がある。

現地の大使館に入る途上国政府からの案件要請は、こうした国別援助計画とも照らし合わせながら日本の外務省に送られ、関係各省庁、ＪＩＣＡと案件採択の可否が検討されることになる。

他方、実際に採択され、実施された案件は評価の対象となり、主として外務省と実施機関のＪＩＣＡが評価を行っている。企画立案を担う外務省は政策やプログラム・レベルの評価を、ＪＩＣＡは個別案件の評価を行うように役割分担がなされている。より具体的には、さまざまな形態の援助が行われている特定の途上国、たとえばベトナムに絞って評価する国別評価、政府の重点課題、たとえば、貧困削減や平和構築などに焦点をあてた評価がある。個別の案件評価を担うＪＩＣＡを含め、有識者、被援助国政府関係者、日本以外の援助国やＮＧＯが参加する評価も行っている。

個別の案件に関しては、ＪＩＣＡでは事前、中間、終了時、事後の段階で評価を実施することを目指しており、円借款についてはほぼこの段階的評価が確立している。国際緊急援助、ボランティア事業の評価も行われている。問題は、外務省との役割分担が徹底しておらず、プログラム・レベルの評価など重複が見受けられることだ。しかし、こうした評価システム全体の改善は、本書の目的とは異なるので、指摘だけにとどめておきたい。

おそらく民主党政権下では、弱者に手をさしのべるという点ではＯＤＡに対して順風が、コスト削減という点では逆風が吹くであろう。しかし、これまで述べてきたＯＤＡの重要性の認識については自民党・公明党政権と大きくは変わらないであろう。他方、岡田克也外務大臣が明らかにしたように（一〇年一月二九日通常国会での外相演説）、民主党政権はＯＤＡが国民の共感が十分には得られていないとの認識のもと、そのあり方について一〇年夏までをめどに基本的に見直すことにした。

ＯＤＡ大綱を含め政策レベルでどのような変化が起きるか注目される。その場合、民主党政権のすべての課題についてそうであるように、外務省の政務三役（大臣、副大臣、政務官）が国際協力局を中心とした事務方による支援を受けながら実質的に決定していくことになろう。肝心の中身だが、予算規模はもちろん、これまでの政権が十分には達成できなかった地域や課題についての選択と集中の徹底や、途上国から日本への要請により行われてきた援助、つまり要請主義の見直しも検討課題になるであろう。

第二章　狭間で苦悩するラオス

国全体を世界遺産にしてしまいたいほど緑豊かな国ラオス。二四万平方キロと日本の五分の三ほどの面積に、北海道よりやや多い五八〇万人の人口。周辺をベトナム、タイに囲まれた小国だ。地理的位置が示すとおり、文化から見ても経済から見ても、ラオスは両国の狭間にある。

一三〇〇年代に首都だった歴史的な世界遺産ルアンプラバーンもある。ベトナム戦争では、社会主義国として北ベトナムと歩調を合わせて米国と戦った。不発弾として、その後遺症は国土に残る。

〇三年、〇五年、〇六年と立て続けにこの国を訪れる機会を得た。〇五年は、外務省の国別援助計画作成最終段階での現地協議に参加するためだった。〇三年は、ラオスの国別援助計画作りに参加するのに、現地をまったく知らなくてもいけないと思い、個人的に出かけた。〇六年には、学生たちとベトナム・ラオスをまわるフィールドトリップで三度目の訪問を果たした。

四年ほどの短期間でラオスが国際経済圏に着実に組み込まれていく様子が見てとれた。いや、すではじめて訪問した〇三年の時点ですら、マーケットは活気に満ちあふれ、日本製とまぎらわしい中国製のバイクが飛ぶように売れていたものだ。

首都ビエンチャンへ

〇三年三月某日、バンコクで午後六時半のラオス航空に乗り替えて、首都のビエンチャンへ。プロペラジェットで機内は狭く、しかもエアコンが効かないので暑い。

隣のラオス人とおぼしきおじさんが、ごほんごほんとしきりに咳をする。鳥インフルエンザではないかと気になる。空港ビルは吹き抜けの多さが南国らしさを感じさせる。頬をなでる風が気持ちよい。聞けば、日本が九〇年代末に無償資金協力で作ったとのこと。

もうとっぷりと日は暮れ、五キロほど離れたホテルのある方角に目をこらすが、何も見えない。市の中心にあるホテル近くまで来て、ようやく明かりが見えてきた。翌朝、ホテルの周囲を歩くと、生活排水なのだろうか、薄汚れた水が澱んだドブに気がついた（もっとも、この光景は、最初に訪れた〇三年だけだ）。思わず、五〇年代後半、自分の小学校時代の東京を思い出した。途上国に行くたびに、日本の昔の光景が蘇る。

そうだ、ラオスは後発開発途上国なのだ。一人あたり国内総生産（GDP）は三〇五ドル（〇三年の数字で、〇七年には六七八ドルに増加）。当然のことだが、高層ビルは視野に入ってこない。大きな建物といえば、ラオプラザホテル正面に中国が建てた、金箔をところどころに施した市民ホールぐらいだ。とはいえ、街を歩くと高級住宅地とおぼしきところもある。オレンジ色の屋根と白い壁。衛星放送のアンテナが立つ。聞けば、たしかに富裕層が住むのだという。とはいえ、一〇軒ほど並ぶ「高級住宅」だが、どれを見ても、それほどの金持ちの家という感じはしない。

途上国でも、フィリピンのように富裕層の住む地区だけ別世界のような光景が広がることがあるが、ここは違う。等しく貧しいのだ。したがって、極度に貧しい人びとの住む地区も、それほどの貧しさは感じられない。そう、国民の七割が自給自足の農民なのだ。結局、インドネシアなどと同様に、緑が多く、まわりを見渡せば、口に入るものも多い。なので、飢えは少ない。寒暖の差も激しくはない。このあたりが、別の章でとりあげる、アフリカや中央アジアの国ぐにとは決定的に異なる。こうした自給自足が可能な農民には、あとの話とも関連するが、納税という習慣がなじまないらしい。

中国からの贈り物、周囲を圧する市民ホール

ラオスとタイを結ぶ友好橋

市場に行ってみた。にんじん、キャベツ、どでかいキュウリ、タマネギなどなど彩りも鮮やかだ。並べ方も整

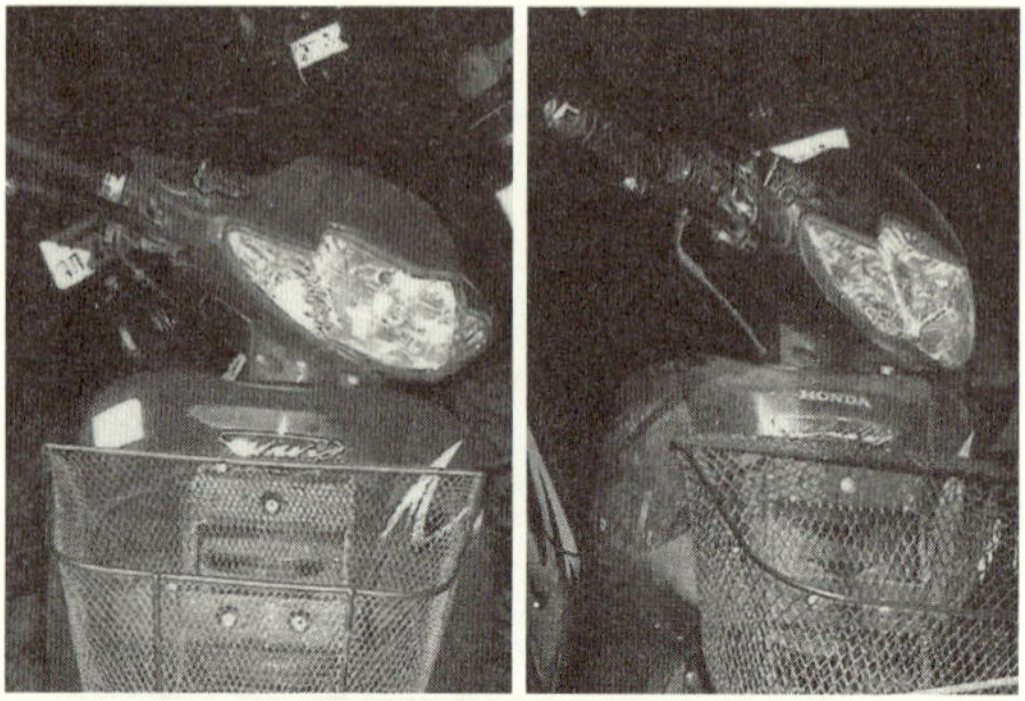

右のバイクはヘッドライトの下のカウルにHONDAのロゴとウイング・マークが見えるが、左のバイクは……。

然とし、食欲をそそる。あちらこちらで声がかかる。物は豊富だ。シャンプーなどはタイ製のものもあるが、中国製品がやたらと目につく。それも、かなり知的所有権で問題のありそうな商品もまじっている。

ＨＯＮＤＡのウイングのバイクの横に、そっくりのバイク。こちらにもウイング・マークがあるが、本物のＨＯＮＤＡのウイング・マークは、そこにはない（写真参照）。こちらは、中国製。中国製のほうは二万バーツ（一二五cc）だが、本物は五万バーツぐらいだという（現地通貨はキープだが、もとの日記はバーツになっている。私の勘違いだろうか……）。こうして安い中国製二輪車がどんどん売れるようになっているとのこと。ラオスの人に、この違いがわかるのだろうか。

この中国製のコピー・バイク、現地関係者によれば、最近の中国は、安くてよいものを作るようになったところが昔と違うという。安かろう悪かろうでは、もはやないのだ。しかし、スズキにとっては深刻な事態だ。スズキの正規商品は、九六年には六〇〇〇台売れたが、〇二年は六〇〇台にまで落ちこんだという。ホンダは九〇〇台。中国の企業は、陸路で輸出する完成車の関税を、規定では一二〇％のところをそうとう低くしてもらっているらしい。

税金をごまかせば、国家財政には打撃だ。ラオス政府も歳入増に必死だ。二〇〇八年までに、二〇〇〇アイテムについて〇～五％の税金を課すことを決めた。その一方で、便宜をはかってもらう目的で袖の下を使い、書類を急いで発行してもらうことも多いという。

日本人関係者によれば、最近、三〇〇ドル払って、二〇〇ドルの領収書しかくれないことがあったので、おかしいと思ったら、残りの一〇〇ドルを二人で山分けしている現場を見て、びっくりしたという。援助関係者はもとより、ラオスとビジネスを行いたいと考える人にとってあまり見たくない光景だ。

次に、織物の店に行った。味わいのある素敵な織物だ。ラオスのシルクはタイのものほどには知られていないが、最近では日本でも徐々に関心がもたれ、デパートなどでも扱われるようになっている。草木染めをもちいて染めた、赤や藍色などの深みのある色合いが特徴だ。その店で、ショールとテーブルクロスを買う。

街の外れのメコン川に、ラオスとタイを結ぶ友好橋が架かっている。地図で確認するのと、この目で見るのとでは大違いだ。国境は、陸続きの国境をもたない日本人にとってなかなか理解しにくいと、いつも思う。ゆったりとした流れのメコン川の向こうのタイには、いくつものビルが建ち並ぶ。一日で経済の活発な様子が見て取れる。セブン・イレブンもあり、ラオス側からの買い物客がひっきりなしと聞いた。

反対にラオス側は、ところどころに住宅の点在するのんびりした田園風景だ。この友好橋は豪州が作った。その石造りの記念碑のセンスのよいこと。控えめだが存在感がある。日本の援助関係者には悪いが、日本の援助で作られたハコモノには、どこに行ってもＯＤＡとＪＡＰＡＮを組み合わせたマークだらけだ。時折、訪れる日本の国会議員の「お叱り」を避けるためだろうか。日本、日本が前に出すぎている。

指示しかしない怠け者

午後、国立リハビリテーションセンターへ。ラオスは、ほかの途上国以上にすべてが小ぶりだ。センターといっても、平屋建ての小学校の校舎風の建物がいくつか並んでいるだけだ。

センターで行っている車椅子の製作を、日本のＮＧＯ、難民を助ける会が支援している。ポリオが原因のハンディキャップが多いと聞いて、日本ではとうの昔に根絶されたのにと思う。

製作現場には、いくつもの作りかけの車椅子があって、みんな忙しそうに働いている（〇五年に再訪した際、需要が年に五〜六万台ある一方、ここでの一ヶ月あたりの製造台数は七〇〜八〇台と聞いた）。肝心の製品だが、一台七五ドルする車椅子は、タイ、ベトナム製よりも割高だが、使い勝手はよいという。以前は無償で配布していたが、現在では、徐々に有料化に切り替えつつあるという。支援してきた難民を助ける会の援助が打ち切られる可能性もあるからだ。センターが自主的に運営する方法を考えなければいけない。

うれしいことにビエンチャン在住の外国人の夫人会など、七五ドルで購入してくれるところが出てきたという。残念ながら日本企業の反応はいま一つと聞いた。

義足をこしらえている現場も見たが、こちらは英国の支援が入っている。ラオスの財政の三分の二が外国からの支援という現実を、改めて感じざるを得なかった。こんなに外国やＮＧＯの支援を受け続けてよいものだろうか。援助慣れしているところはないのだろうか。

気になったのは公務員であるスタッフ、とりわけシニアのスタッフが、あまり手を動かさないことだ。何をしているのかとじっと見ていたら、お茶など飲んで話に興じている。聞けば、三〇年もの間、同じ職にあるという。指示しかしない怠け者だと、周囲の見方は厳しい。

子供たちの教育

その後、ラオス子供の家に寄る。いわゆる児童館だ。といっても、もちろん日本のような立派なものではない。でも、娯楽の少ない子供たちには貴重な場となっているようだ。この子供の家には一三歳までの子供たちが通ってくる。

ここには日本の自治労（全日本自治団体労働組合）が、毎年四〇〇万円から五〇〇万円ほどを寄付している。ＮＧＯのシャンティ国際ボランティア会（ＳＶＡ）も、一五〇〇万円ほど支援し、日本の絵本をラオ語に翻訳するプログラムを行っている。地道な活動だが、貴重だ。図書館といっても図書室といった感じの小規模なものだ。

肝心の子供たちは、まだ授業時間だったためか、ほとんど見かけなかった。ただ、階上からの心地よい響きにつられて階段をのぼると、ラオスの伝統的な民族楽器を懸命に練習している子供たちがいた。あとで調べてわかったが、ラナート（木琴）やケーン（縦笛）や太鼓だ。私たちが教室をのぞくと、はにかんだ様子で子供たちが手を休めた。

子供たちの教育は、ラオスではどのようになっているのだろう。初等教育五年までが義務となっているが、二年程度でやめる子供も多いとのこと。どの途上国にも共通の労働力になるためだ。驚いたことに、義務教育なのに落第もあるという。これでは、ついていけない子供たちが、さらにやる気をなくしてしまうのではないだろうか。教師の地位もほかの途上国同様に、けっして高くないようだ。

不発弾の処理

某日の朝、六時半に起床。ＵＮＤＰとラオス政府が共同で作った不発弾（ＵＸＯ）処理プロジェクトの事務所を訪れた。日本の援助の現場も重要だが、国際機関がどのような援助をしているのかを知りたいと、無理にお願いしたのだ。

ベトナム戦争時代、ラオスは右派と中立派、左派（パテト・ラオ）による内戦が続いていた。不発弾は北ベトナムを支援する左派に対して米軍が投下したものだ。パワーポイントを駆使した説明によれば、怪我人は減り、今では年間一〇〇人を下まわっているとのこと。不発弾について注意が喚起された結果だ。それでも、人口六〇〇万（二〇〇四年訪問時）の小国にとってはたいした数だ。故ダイアナ元妃などのキャンペーンもあった対人地雷とは違い、この地道な活動は国際的には知られていない。重要性においては変わりないにもかかわらず、である。

車で約二〇分。同プロジェクトの訓練センターには寄宿舎と校舎が点在しており、広々としている。プロジェクトに所属するラオス各地のスタッフたちが、ここで数週間の研修を受け、地方に戻る。探索や解体技術の習得が中心となっている。ところどころにオブジェのように、掘り出した不発弾が鎮座している。でかい。ベトナムでも、同様のプログラムが展開されているとのこと。

不発弾処理にはお金がかかる。所長さんにとり資金集めが最大の悩みとのことであった。ベトナム戦争は米国におおいに責任があるのだから、米国に出してもらったらと言ったら、米国は対ラオスの戦いは公式には認めていないのだそうだ。

ならばどうすべきか。ベトナム戦争時代の行方不明兵士（六〇〇名）の捜索をテコにして、米国からお金を引き出すのがベストではないかと思うとの答えが返ってきた。支援プロジェクトには、プロジェクト自身の内容もさることながら、それを実施するための資金集めがいかに重要かを改めて思い知らされた。

セタティラート病院はどう評価されているか

午後、いったんホテルに戻り、一七五床あるセタティラート病院を訪れた。一見、タイの社会文

セタティラート病院の正面玄関

化教育センターを思い出させる作りだ。屋根の赤と建物の白のコントラストが、実に美しい。ラオスの伝統的な建築様式をとりいれたと思われるが、日本全国、どこを探しても、このような歴史的建築様式を採用した病院にはお目にかかれないのではないか。

二〇〇〇年の暮れに、日本の無償資金協力一六億円をかけて完成した。診断、診療に必要な資機材も同時に供与している。以前の病院は四〇年前に建てられたものだそうだ。ラオスの中核病院として、地域の病院からの患者を受け入れたり、医師や看護師などの教育、研修機関としても位置づけられている。その点からすれば、ＯＤＡの重要な役割であるベーシック・ヒューマン・ニーズ（ＢＨＮ、Basic Human Needs）、すなわち衣食住、保健、医療、教育の充足としてみても意義はある。医師の派遣などの技術協力では琉球大学医学部附属病院との交流が行われ、病院玄関前には、左右の台座に沖縄のシンボル、陶器製のシーサーが睨みを利かせている。

なかに入ると、病院とは思えない吹き抜けのホールが広がっていた。ただ、ガラスがふんだんに使われているためか、訪れたときには強烈な日光が降り注いでいた。暑い。気分が悪くて病院を訪れる患者にとり、この温室のような状況がやや心配になった。

具体的な日本からの協力ぶりを聞いた。日常的な協力もさることながら、琉球大学の医師が短期間滞在し、三日間で三〇人ほどの口唇裂・口唇口蓋裂の患者さんに集中的に手術を施しているという。日本では幼少期に手術が行われるのに、と思っていると、手術代が出せないという根本的な問題はもちろんだが、ラオスは二五歳ぐらいまで、そのままで生活できる社会だからだと聞いた。運命をそのまま受け入れる仏教社会だからだという。日本にいてはなかなかわからない話だ。

病院経営を含め日本の技術協力で改善努力がなされつつあった。その一つはカルテを電子式にしたことだ。日本ですら、紙のカルテを依然として使っている病院、クリニックがまだあることを考えると、途上国では最先端の病院であることは間違いない。とはいえ、電子カルテ導入の前提となるＩＴ技術など、どこまで習得されているのか心配になった。いきなり先進国と同様の方式を採用するのは難しいのではないかと、正直思ったからだ。

病院食もその一例だ。先進国では当たり前の入院病棟における病院食の提供だ。せっかくはじめた病院食が、なかなかラオスの風土には合わないと聞いた。家族が来て、七輪で食事を作るのが当たり前らしい。たしかに入院病棟の廊下を歩いていたら、調理器具とおぼしきものがやたらと目につく。

この病院に限ったことではないが、ラオスで血液検査を受けるには、注射器を自分で購入しないと採血してもらえない。日本のような健康保険制度がないので、患者さんは大変だ。なかには薬を買えない人もいる。それでも、最低限の治療は病院側の負担でしてくれるし、社会の相互扶助がそれとなく機能しているので大丈夫だという。病院側の説明によれば、病院独自の保険制度があり、通院前から入っていれば一定額で治療を受けられるとのこと。ほんとかしらん。疑えばきりがないが、病院には、基本的に先立つものがないと来られないことは間違いない。医療保険制度の未整備という途上国共通の問題が、ラオスにも存在する。

三度目のラオス訪問時に再訪した病院で、今でも忘れられないのが、看護師として働く青年海外協力隊員Aさんの言葉だ。自分が少しのポケットマネーを出せば、瀕死の患者を救うことができることが多々あるが、自分は絶対にしないというのだ。なんとなく非人間的な感じがしないでもないが、それをはじめるとラオスは変わらないと言う。援助の難しさを感じた一言だった。

もっとも、〇四年に行われた事後評価の報告書によれば、全体としてはこの案件の目標は達成されている。ほかの病院からの紹介患者も多く、拠点病院として機能しているとのことだ。また、教育、研修機関としてのプログラムが制度化され、医師、医学生、看護師などが最新の技術を学び、地域医療に反映されている。

ただ、病院への期待があまりに大きく、全体として施設が手狭になっているとの指摘がなされている。私が訪れたときにも、ベッド数が一七五床しかないのに三〇〇人も収容せざるをえないと聞いた。ただし、来院数は周辺の医療機関の充実とともに減少し、私が訪れた時点での年間九万人弱が、四割減の五万人ほどになっている。このところの経済成長の成果で、病院の新設や増設が行われたからだとみた。肝心の病院の経営状態も、〇五～〇六年は約八六〇万ドルの収入（政府補助を除く）があり、〇一～〇二年の二・五倍と順調だ。

やはりと思ったのは、前述した電子カルテの導入の結果だ。事後評価報告書に理由は書かれていないが、過去五年間、カルテの電子化は進まなかったようだ。そのために、旧来からの紙のカルテが詰まった段ボールが棚や部屋を占拠し、スペースが手狭になっていると指摘している。

やや詳しく、事後評価と照らし合わせて紹介したのはなぜか。日本のほかの行政情報に比べれば、ODAの評価報告書は制度化され、しかもweb上で入手することができることを紹介したかったからだ。ラオスの案件にとどまらない。「外務省→ODA→ODAをもっと知りたい→評価」の順番に外務省のホームページをチェックすれば、各国の情報が満載だ。

親日家をいかに作るか

その後、パリッとしたスーツ姿の国立大学学長にお目にかかった。

ラオス国立大学。唯一の大学だ。いくつかの単科大学が一九九六年に合併し、今では一〇の学部からなる総合大学となっている。まだ、歴史は浅い。高校卒業者が二万人を超えるなか、この国立大学で受け入れることのできる学生数は二五〇〇名ほどにしかならない。大学が絶対的に不足しているのだ。

学長によれば、これから二校開校の予定とのこと。他方、教員の数も質も問題で、多くの教員が学部卒業のまま教壇に立ってきたという。修士号、博士号取得者の増加が急務だ。日本をはじめとする国ぐににやって来る留学生の多くは、こうした高等教育機関の教員の質の改善という途上国特有の教育事情を背負っている。

広大なキャンパスにも驚かされたが、それにも増して驚かされたのは、正門前のベトナムが建設した学生寮の不釣り合いな大きさだ。ラオプラザホテル前の中国が寄贈した市民ホール以下、いたるところに援助のハコモノが目につく。ラオスをめぐって、中国とベトナムが陣取り合戦を行っているようにもみえる。地政学的に見れば、ベトナムにとり、ラオスが中国の勢力圏に落ちることなどは考えたくもないはずだ。

大学学長に初等教育の重要性を問うたが、あまり関心がなかった。それはそうだとあとで思った。学長にとり、大学教育をレベルアップさせることこそ最大の関心事だ。そのために、日本の援助が必要なのだ。すでに、私が訪れた時点で、経済経営学部とラオス日本人材開発センターに対して援助がはじまっていた。経済経営学部では、教員の能力向上と、カリキュラムや大学経営の改善が目的だ。他方、ラオス日本人材開発センターのほうは、(1)ビジネスコースなど市場経済化のための実務人材の育成、(2)日本語の習得、(3)相互理解促進のための交流が協力の目的だ。

日本語クラスをのぞいてみると、スキット（寸劇）を使った練習の真っ最中。「××に行きませんか」「今日は、用があるので、行けません。残念です」と流ちょうな日本語が飛び交う。

所長の鈴木信一さんは「受講生の半分が公務員なので、いずれ、ラオスの中枢に入る人たちです。

これらの人びととの協力関係が将来の日本のファンを作ることになる」とその意義を強調してくれた。たしかに、外交の基本は、親日家をいかに作るかだ。そう考えると、短期的にはともかく、中長期的な成果が期待されるこうした技術協力は重要だ。

こうしたセンターは、カンボジア、ウズベキスタンなど、全世界に九ヶ所ある。難しいのは、日本の財政状況の悪化にともない、案件の件数も金額も絞り込みを余儀なくされていることだろう。そうなると、講師などの招聘にも影響する。そうした困難のなか、このプロジェクトは二〇一〇年度までの予定で第Ⅱ期が進行中だ。

ラオス事情

いささか案件紹介が長く続きすぎたかもしれない。少し話題を変えよう。なかなかに興味深い、ラオスに滞在する日本人ＯＤＡ関係者が観察したラオス事情だ。

ラオスに来てから、これまでに二つのノーを経験したという。一つは書店がないこと、二つはけんかを見たことがないということだ。いずれも、やや誇張されているとはいえ、ラオスの現状をうまく説明しているように思えた。興味深い観察だ。

たしかに、途上国はどこへ行っても書店が少ないが、ラオスは極端だ。南南協力によってラオス国立大学で教えるタイのモンクット王ラカバン工科大学の先生によれば、テキストですらラオ語で書かれたものがなく、タイ語のものを翻訳して使用しているという。学問や知識を得るために、その程度の余裕もないのだろうか。そもそも、本を買える家庭が少ないのだ。豊かになっても意識を変えるのは難しい。まだまだのようだ。ある青年海外協力隊員は、ラオスでは本を読む習慣がなく、ラオス国立大学の学生も平気で教科書やデータ類を売ってしまうという。ＪＩＣＡで作り無償配布したテキストを、協力隊員がまわりまわって購入したなどという笑えないエピソードもあるという。

次は、けんかを見たことがないという話。

たしかに、短期間しか滞在していない私でも、実に人びとが穏やかな表情をしていることに驚かされる。ギスギスした感じがせず、のんびりしているのだ。それが、人はよいけど覇気がない、やる気がないという指摘にもつながる。

ある人が、家庭教師にその不思議の訳を聞いたところ、子供の成長に悪影響を与えるからと答えたという。その程度ならよいが、国家としての存在にまでかかわってくるとなるとほうっておけない。別の人からは、「ラオスはベトナムの属国的存在。タイからも、ベトナムからも、ばかにされているところがあり、ラオスは立場がないときもある」などという話も聞いた。

こちらの国立大学の学長の給料は月五〇ドルと信じられないほど低い。しかし本当のようだ。一ヶ月の生活費に最低一〇〇ドルかかるというから、これでは生活できない。どうりでみんな副業をもっているわけだ。漁業や、山に入っての山菜採り、家庭教師など職種はさまざまだ。もう少し下のクラスの公務員では二〇ドル以下だという。幸いに持ち家ならば、家主としての家賃収入が生計の足しになる。それにしても、人口が六〇〇万のラオスで公務員数は一〇万という。どう考えても多すぎる。民間企業が育っていない途上国の現状を映し出している。

日本の民間企業からの投資がなぜ行われないのか。ラオス日本人材開発センターのところで触れたように、人材の不足やインフラの未整備をはじめとして、ラオス側がビジネスの基盤を欠いているのが要因だ。それでも、ODA予算が右肩あがりの時代ならば、ラオス政府への手助けを日本政府に要請すれば、確実に日本企業にカネが落ちた。しかし、予算が減少し、要請をあげても案件につながるとは限らなくなった。

今や、駐在員を一人置くだけの価値がある市場かどうかもわからなくなっている。だから、各商社とも、ラオスからは撤退し、駐在員をカンボジアなどと兼任させてきたのだ。受注できる金額に比して、各商社マンにかかる人件費のほうが大きいからだという。ODAは、もはや企業にとり「おいしい」ビジネスではなくなりつつあるのだ。

ODAが民間投資の呼び水としての機能を果たすのだとすれば、これは由々しき事態だ。しかし、民間企業にすれば利益をあげなければ株主からは突き上げられる。難しい。

日本をラオスの人はどう見ているのだろう。

ラオスの国家予算の三分の二は援助で、その半分、つまり三分の一は日本からのもの。したがって評価は高い。前章でも述べたように、ラオスの一万キープ紙幣には日本の援助により完成された橋梁が印刷されている。国道一〇号線を分断してきたメコン河をつなぐパクセー橋（総額五六億円）だ。日本のODA案件が紙幣になったというのは、一五〇を超える国に援助をしている日本でもカンボジア、バングラデシュなどごくわずかだ。

ラオス再訪

○三年から二年。○五年三月にラオスを再訪した。

日本にも支援要請のあったという凱旋門広場を通る国道が見事に整備され、広場は花が咲き乱れる公園になっていた。聞けば、二〇〇四年一一月の東南アジア諸国連合（ASEAN）＋3（日本、中国、韓国）の首脳会議を控え、中国の協力であっというまに整備されたのだそうだ。中国のパワーはここでも健在だ。

日本では脅威、脅威とこうした中国の攻勢に批判が強いが、ラオスは中国とも国境を接している。メコン河流域の地域開発でも日本より援助しやすい地理的位置にあるのではないだろうか。その意図を疑うことは必要だとしても、もう少し冷静に反応できないものか。

もっとも、隣国のベトナムにとっては気が気ではない。ベトナムは中国と軍事衝突をした歴史をもつ。一九七九年のことだ。

ナムグム・ダムの課題

朝早く、専門家の案内でナムグム・ダムを視察。ダムでは、日本の戦後賠償で第一発電所の一号機と二号機が作られ、七四年の三号機以降は円借款で作られた。ラオスが社会主義政権になる前のことだ。

現場到着まで一時間半。のんびりとした農村風景のなかを車は目的地に急ぐ。穏やかな平地が続いたと思ったら、突然、正面に壁のような高台が出現した。その向こうに湖があるという。にわかには信じがたい。標高差は五〇メートルにすぎないが、琵琶湖の半分の面積もある湖ができたので、効率よい発電ができるという。ダムサイトに到着すると、なるほど、車であがって来る際には考えられなかった巨大な湖が視野いっぱいに広がった。

ここで発電した電気の三分の二は、タイに売却している。外貨を獲得する有力な手段だ。国内需要はあっても、皮肉なことに送電線が整備されていないので、それもかなわない。こうしたところに日本がODAで送電線を整備する意味があると思った。国内の電気料金はいくらぐらいなのだろう。聞いてみると、一キロワットで三セント。外国人はその倍の六セント。それでも発電コストを十分にはカバーできない。タイへの売電は、その補塡という意味もある。

円借款による発電機供与のころからダムを知る責任者が健在だ。日本の援助の現場は、完成後はそのままという報道によくお目にかかる。しかし、実際に現場を歩いてみると、多くはきちんと保全され、維持管理されている。このナムグム・ダムもそうだ。精密機械の並ぶ発電所ということもあってか、床にはごみ一つ落ちていなかった。

ただ、専門家によれば課題は残されている。日々の発電量を手書きのメモで残すだけで、コンピューター入力する作業を怠ってきた結果、周辺住民からのクレームに的確に対処できなかったとい

発電所内のすべてのキャビネットや機械の右上隅に日の丸が見える

う。実際にはほかの河川の増水が原因であったにもかかわらず、下流で起きた洪水がダムの放流のせいではないかとの下流域の住民の抗議に効果的に反論できなかったというのである。これはラオス側の統治能力、すなわちガバナンスの問題で、日本側の責任ではない。しかし、日本の援助によって作られているとなると、気にかけないわけにはいかない。

　肝心のこの案件の成果はどうなのだろう。幸いにこの水力発電所の整備により、ビエンチャン市内の停電はほとんどなくなり、起きたとしても復旧が容易になったという。ビエンチャン市内の電化率は一〇〇%近く、全国平均では三五%と聞いた（〇八年現在、全国の電化率はようやく四〇%にまで向上したという）。

　ただ、この発電所で気になったことがある。発電所の発電機、その他の付帯設備のあらゆるところに日本とラオスの国旗がべたべたと貼ってある。国旗だけならまだしも、PEOPLE FROM

JAPANと書かれたシールがいくつも並んでいる。見苦しいことこのうえない。援助というのはもっと控えめなものではないだろうか。もし訪れる日本の国会議員対策というのなら、その国会議員にこそ援助の意味を説かねばならない。

経済インフラの重要性

チナイモの浄水場を訪れた。アジア開発銀行(ADB)が八〇年に作った施設だ。日本はここに九六年、無償資金協力で支援をし、配水量を八万トンに増強した。説明する必要のない意義のあるベーシック・ヒューマン・ニーズ(BHN)の支援だ。

この浄水場はメコン川から取水している。これにもう一つの浄水場カオリオの二万トンを合わせると、一〇万トンの水が供給できることになった。しかし、それでも人口六四万の首都ビエンチャンの給水人口比率は四四%にすぎないのだ。

送水管の不具合で、断水も漏水もある。ビルの上層階の水の出が悪いのは当たり前。人が使わない夜に水道水をタンクに貯めておく光景も珍しくないという。これから経済発展が予想されるなか、給水が困難なのは大きな問題だ。これでは、投資を期待される民間企業だって二の足を踏んでしまう。

続いて、無償資金協力で建てた小学校を見に行った。コの字型の平屋建て校舎。堅牢そうだが、なんの変哲もない簡素な作りだ。ただし、ぼろぼろの旧校舎で我慢して勉強していた子供たちからすれば、別天地に違いない。

しかし、おやと思った。誰もいないのではないかと思ったほど教室のなかが暗い。これでは子供たちの目に悪い。ラオス側の説明では、暗くしておいたほうが集中するとのこと。びっくりするような非科学的なことをいう。

暗い理由は簡単だ。電気が来ていないのだ。そういえば、全国平均でも電化率は三五%だった。経済インフラの重要性をここでも思い知らされる。日本の国内では、無償資金協力で建てる小学校の建設費用が高すぎるとの批判がある（後に紹介する、草の根・人間の安全保障無償資金協力で作る小学校建設とは異なる一般の無償資金協力）。世界銀行などが作るものの二倍もするのだ。日本政府は、鉄筋の本数や壁の厚さが日本の基準なので、自動的にコストが増えるうえに、人件費もかかるからだと説明している（その後、費用の引き下げを行い、事態は改善を見ている）。雨露をしのぐ校舎さえ不足しているラオスの教育事情を考えれば、安価で簡素な校舎を数多く作ったほうがよいに違いない。

ここでも机一つ一つにＪＩＣＡのシールを発見した。やりすぎだ。うれしかったのはグラウンドも綺麗に整備されていたことだ。これは校舎建設の際に、工事関係者が口うるさく指導した結果だとのこと。

協力隊員の嘆き

この日の午後、青年海外協力隊の隊員との懇談を行った。興味深い話が聞けた。

国立マホソット病院に配属された放射線技師B君の体験からは、改めて途上国への協力の難しさを感じざるを得なかった。ラオスの技師七名の基礎レベルが低く、どうして、こんなことがわからないのかと、声を荒げることが何度かあったと語るB君。

堰を切ったように話が続いた。

ラオスの放射線技師は、看護師になれる学校を卒業している人たちだが、六〇マイナス九〇の計算ができない。連立方程式も解けない。比という概念についても知らない。さらには、座標の知識がないので、CTについて教えられなかったというのだ。したがって無償資金協力（通常の無償資金協力とは違い、ノンプロ無償とよばれる。日本は資金を提供し、ラオス側が購入するもの）で購入したCTは、ほとんど使われていない。使用料が一回八〇ドルと高額なこともあり、一日平均で一・五件しか使われていないという。これでは、年間二万ドルかかるメンテナンスのコストをカバーするのがやっとだ。

当然あるはずのラオス側へのメーカーによる説明はなかったのかと聞くと、これまた興味深い答えだった。説明が平均的な顧客用プログラムにもとづくものだったので、ラオス側に十分理解されなかったというのだ。ミスマッチの典型だ。たしかに、これでは宝のもち腐れになってしまう。

帰国にあたりマニュアルは作ったが、隊員の後任は申請しないとB君。それよりは、基礎教育にまわしてほしいからだという。

なるほどB君の説明には説得力がある。いくら先進国が協力しても、途上国側で受け入れる能力がないと成果はあがらないからだ。かたや、高度医療を求める金持ちは、そこまで待てないので、タイに行ってしまう。悪循環だ。それでも、前述の国立のマホソット病院のように、一歩一歩確実に成果を生んでいるところもある。まだ、援助の効果はまだら模様なのだ。

それにしてもB君が「全部通じるという前提で来たので、達成感はないが、来てよかったとは思う。日本を外から見る機会を得たから」と語る言葉に複雑な気持ちになった。途上国、とりわけラオスでは、教育制度が十分に機能していないのだ。その点を知ってか知らずか、B君は日本にいたときと同じ目線でラオスの人びとを見ていたのではないか。JICAが隊員に対して途上国の現状についてどの程度、事前に情報提供しているのか不安になった。

医師と看護師の社会的地位の格差

看護師のCさんの話からは、別のラオスの姿が垣間見えた。

着任して一年と四ヶ月。Cさんは母子保健病院の新生児・未熟児病棟に勤務している。看護部長のアドバイザー的な立場というポジションは理解されているので、指示もでき、それはそれでやりやすい。思ったよりも、聞いていたよりも、技術水準は高かったという。

さきほどのB君とはかなり状況は違い、気持ちよく活動できたようだ。しかし、医師と看護師の社会的地位の格差は大きく、看護師はあくまで、医師の補助という役割にしか過ぎない（日本でさえ依然として、そうした認識は強い）。

医師でも、留学経験者と留学の機会のなかった医師とでは技術、意識の差が大きいことにも話は及んだ。タイやシンガポール、ドイツに六〜七年留学して戻ってきた医師の技術水準は高く、三〇名中三分の一は留学組だそうだ。日本への留学組ももちろんいる。

他方、留学の機会を逸した国内組は、全員とは思えないがモラル、意識が低い人が多いという。患者が医師を呼んでいるのになかなか出てこず、探し出したと思ったら、朝食を食べていないので……などという言いわけにもならない答えが返ってくるのだそうだ。要はやる気がない人もいるのだ。

こうした医師間の格差是正は、隣国タイへの留学で相当程度解消されるように思われる。技術も高く、言葉も通じるからだ。そう考えたところで、ラオスのタイへの感情は歴史的経緯もあり複雑だということを思い出した。

ハプニングの連続

北部地方で農業土木隊員をしていたD君の経験は、協力隊員がどこでも平均的に直面する問題だ。所属は、農林局の灌漑課。協力を開始して以来、もっとも困ったのは、日本円で一五〇万円ものお金をなんとか用立ててほしいと言われたことだという。県外に行ってセミナーの講師をよぶためだという。自分たちが話すのではなく、権威のある中央の人をよんで農民に説明してもらうためだそうだ。

困った理由は簡単。隊員には協力相手先に、資金的に援助する手段をもっていないのだ。あくまでボランティアとしての活動が協力の中身だ。結局、D君は、隊員は知識と技術と経験の支援のために来ているのであって、お金の提供のためではないことを粘り強く説明し、JICAラオス事務所の応援も得て了解してもらった。

いやはや、隊員にとっては、ハプニングの連続だ。もっとも、途上国側の期待もわからないではない。依然として金持ち日本のイメージは強い。その国の青年が村にやってくるのに、手ぶらで来るわけはないだろう。何かもってきてくれるに違いないと思ってしまうのは、もっともだ。ラオスに限らず、全世界の途上国の人びとが似たようなことを考えている。

間に立った隊員の苦労も並大抵ではない。D君の場合、繰り返される要求に一計を案じた。計上されている隊員自身の経費でパソコンを買い、エクセルやワードのタイ語版をインストールし、帰国の際に置いてくることにしたのだ。トータルの費用のうち先方が三割出したという。

肝心の農業技術の移転でも困難の連続だった。灌漑施設の補修方法を、先方の自助努力に期待して実施しようとしたが、反応は鈍かった。EUが作った灌漑施設なのに、EUが直してくれなかったというのだ。このあたりに、援助慣れし、みずから工夫する意識に乏しいラオス側の問題が見えている。

やる気のある農民を集めて農業技術を教えようとしたが、これもなかなかうまくいかなかったそうだ。

一例は、肥料だ。稲を田んぼに入れ置き、肥料にするというD君の有機農法のアイディアもうまくいかなかった。効果が出るまでに時間がかかり、化学肥料を使ったほうが効率的というのだ。唯一うまくいったのが新品種の試験だった。土壌を変えることに注力する日本とは違い、ラオスでは土壌に合わせた品種改良に関心があるからだ。

先生が現われない学校

最後は、体育隊員のEさん。こちらに来てから八ヶ月。所属は、体育教員養成学校。まず言われたのがD君と同じで、体育館を作ってくれ、グラウンドを直してくれという要求だったという。

Eさんが何をしに来たのかよく伝わっていないようで、自分の授業を見てもいいよと言われて、まるで半人前扱いされてショックだったそうだ。非常勤とはいえ、日本では三年間の教歴があり、それなりのプライドはあったからだ。

それでもEさんの苦労は続く。ラオス側のカウンターパート（協力隊の隊員や専門家の技術指導を途上国側で受ける人のこと。複数が相手の場合はその責任者）の教員と一緒に授業することになったが、その教員が学校に来ないというのだ。はじめは学校で待っていたが、最近では、家まで行って学校に連れてくるという。「不登校」なのは、生活のためのアルバイトで忙しいからという呆れた理由だ。

たしかに教員の給料は、初任給で月額一五ドルから二〇ドルと低すぎる。他方、先述したB君の病院でのCT使用量が一回八〇ドル。国立大学学長の月給が五〇ドル。一人が一ヶ月生活するのに最低一〇〇ドルほどかかる国だ。どこかおかしい。

他方、学生のほうは全寮制で、しかも学校推薦だと無料と好待遇だ。しかし、定員オーバーで受け入れており、オーバー分は寮費をとっている。これが収入になる。たぶん違法なのだろうが、見落とされているとのこと。寮にはテレビはなく、ラジオだけ。ビエンチャンからバスで三〇分だ。市内は電化率一〇〇%だが、寮では停電は日常茶飯事だ。水道はなく、井戸水で水浴びをしている。現在問題となっているのは、男女共同で使用している水浴び場だという。

この体育教員養成学校には高校卒で入学資格が得られ、三年制だ。卒業すると、中学、高校の体育の教員になれるが、実際には教員の絶対数が不足しているので、数学も理科も教えている。ここで、B君が教える放射線技師のたまごの話を思い出した。教える側が教える能力を十分に身につけていないのだ。これではレベルが低くなるのは当たり前だ。

Eさんは、活動のあいまに小学校もよく観察していた。先生の板書を書き写すことが基本の授業風景はまだしも（もっとも、私の経験でも、この点はどの途上国でも変わらない）、小学校を訪ねると授業は行われていないことがしばしばあるという。校庭で子供たちが遊んでいる。どうしたのと聞くと、彼女が教員養成学校で経験したのと同じで、先生が来ないという。少々の遅刻ならまだしも、結局、先生は現れず、授業が一時間しかないという日も珍しくない。唯一の救いは子供たちがスポーツ好きなことだ。

協力隊員から興味深い話を聞いた。テーマは中国の援助だ。

老朽化のひどかったプランバナンの県立病院。中国建設の新病院は、建物は立派だが、一年以上前にオープンしたにもかかわらず四割の機器が動かず、ラオス側は困っているという。専門家が来ないからだという。日本の協力隊員が専門家の穴埋めをするという皮肉な結果となった。台頭著しい援助国としての中国だが、まだまだ人的協力の面では課題が多いようだ。

協力隊から聞く話はいつも興味深い。情報の宝庫だ。もちろん高度な技術をもつ専門家の話も興味深いが、十分な予備知識なしに飛び込んで、四苦八苦している彼らの姿のほうが人間らしいといったら失礼だろうか。それに若者のほうが（といっても、現在では四〇歳まで応募可能だが）、直感力に優れていることは間違いない。しがらみがないのだ。それにしても、若者の目に映ったラオスの姿からは、ラオスが後発途上国から脱するのは容易ではなさそうだ。彼らの苦労はこれからも続くであろう（その後のラオスの経済発展には目を見張るものがある。〇七年の経済成長率は八％に達した）。

第三章　着実な成長を遂げるバングラデシュ

私の途上国経験の原点はインドと、バングラデシュだ。とりわけバングラデシュは、定期的に訪れ、二〇〇八年の訪問で四度目になる。今回の訪問でも多くの現場をまわった。私がはじめてこの国を訪れた一五年以上前と比較して、〝援助のデパート〟とも称されるこの国は、どう変わったのだろうか。

ダッカ空港に降り立つ

香港経由でバングラデシュの首都、ダッカに降り立ったのは、日付が変わった三月九日午前一時過ぎ。まだ肌寒い日本からの来訪者にとり、気温三〇度はさすがにきつい。

入国してまず感じたのは、小ぎれいになった空港周辺の様子だ。五年ほど前、三度目のバングラデシュ訪問を果たした際にも同様に感じたが、さらに発展を遂げていることがうかがえる。清掃が徹底しているかどうかは、発展の基準としてばかにならない。

はじめて私がバングラデシュを訪れたのは今から一五年前のことだが、古いダッカ空港はフェンスが空港ロビーぎりぎりに設置されており、大人や子供たちが客のチップを期待して殺到し、怖いぐらいだった。

もっとも今回も、ダッカ市内で借り上げたマイクロバスが停まるたびに、似たような光景に出会った。子供や乳飲み子を抱えた母親と思しき女性や、病気のためであろうか顔の半分が溶けたようになってしまった男性などが、どこからともなく現われてカネを乞うのだ。

他方、一五年前とはもちろん、五年前とも違うのは、市内に一〇階建て以上のビルが目立つようになったことだ。加えて、力車の大洪水といってもよいほどの増加。聞けば、力車は全土で一〇〇万台を超え、その多くがダッカに流れ込んでいるという。

道路には、以前は見かけなかった日本車を含む自家用車や、半分壊れかけたバスが群れをなす。列ではなく群れなのだ。その数は半端ではない。

数が多くても秩序があればよい。しかし、まるで交通ルールなどないかのように、どの車もクラクションをビービー鳴らしながら、われ先に前に進もうとする。たしかに、サイドミラーのない力車には、後ろから来る車は見えない。通るにはこうするしかないのだ。

雨期であれば、状況はさらに悪化すると聞いた。この交通渋滞は、早晩、バングラデシュ経済の足を引っ張るに違いない。それでも、ダッカ全体が明るくなったように思えるのは錯覚ではないだろう。いやこの交通渋滞こそ、経済が上向いている証拠でもある。

五年前に、ダッカに花屋が開店しているのを見て、着実に中間所得層が育っていることを実感したが、聞けば、現在のダッカには、「盆栽」もどきまで陳列している店もあるという。貧困著しいといわれつつも、成長の歩みは確実なのだ。

実際、このところバングラデシュ経済は、年平均五％を超える成長を遂げており、ＢＲＩＣｓ（ブラジル、ロシア、中国、インド）に続く〝ネクスト・イレブン〟に韓国やメキシコなどとともに位置づけられるようになっている。日本の納税者の立場からすれば、こうしたバングラデシュの経済発展にどの程度日本のＯＤＡが役立っているかを知りたいところだが、実は両者の因果関係を証明するのは容易ではない。ほかの要因・変数、たとえば日本以外の国、とりわけ中国や国際機関からの支援、バングラデシュ政府の政策、企業やＮＧＯといった民間などが関係してくるからだ。

一方で、経済成長を遂げたとしても、貧困層にその恩恵がほとんど還元されないのであれば大きな問題であろう。今回の短期間の視察だけでは、軽々に言えないが、貧困層の人びとが貧困から脱出するスピードよりも、国全体の経済発展のスピードのほうが早いという印象を受けた。

たとえば一人あたりの所得は、〇四年度で約四一七ドルである。一日一ドル以下で生活する貧困層は総人口の三六％（〇三年）で、その大半が農村の人びとだ。

あとで触れる、巨大ＮＧＯとして世界的に知られるグラミンバンクの一拠点からもそのことがうかがえる。タンガイル県のある村の農家は、グラミンバンクからのローンで購入した簡素なものだが、テレビなどの電化製品もある豊かさだった。しかしその周辺には、掘っ立て小屋と変わらぬ家いえが点在し、ダッカ市内の下町、旧市街の路地裏で見たのは、家族五人が一部屋で雑魚寝という光景だった。

他方、韓国のＫＯＩＣＡ（日本のＪＩＣＡと同様の組織）で聞いたのは、ネットカフェがダッカにもあるとの情報だった。結構な数の店舗があり、利用客も多いという。パソコンを使える中間層が増えている一方、依然として貧しい生活にとめ置かれている人びとの数は少なくない。

地道な協力

初日、午前中に大使館とＪＩＣＡに寄り、バングラデシュの概要について説明を受ける。ＪＢＩＣ（国際協力銀行）は、〇八年一〇月の統合を目指して、すでにオフィスをＪＩＣＡと同じビルに移していた。そう、統合までもうあと半年だ。午後からはいよいよ、ダッカ市内の六五区で展開されている廃棄物管理能力向上の案件視察だ。

廃棄物管理能力向上とは、日本のようにごみ収集のノウハウもシステムもない現状を、毎年一億円かけた技術協力により、住民の意識を変えて打破しようというもの。壮大で地道な協力だ。

悪臭を放つといわれる路地裏を歩いてみたが、乾期のせいか思ったほどのことはない。見るとごみ収集用の青い容器を積んだリヤカーが走っている。六〇年近く前の東京にも、似たような光景があったことを思い出した。

実はこの案件、同時並行的に行われているのが東京ドーム二〇個分のマトワイルゴミ処理場のリフォームだ。これは、かつて日本が融資した債務を削減し、その返済の見合い分の現地通貨（日本円で一〇億円）を毎年使って実施している環境改善事業だ。

フィリピンのスモーキーマウンテンのような処分場は、たしかに、ひどい悪臭だ。そこにカラスや犬が群がっている。このごみの山にパイプを通し、排水すると同時にメタンガスを抜くのだそうだ。このパイプを土に埋める準好気性埋立構造という方法は、福岡大学と福岡市の協力によって開発されたものだという。福岡方式は、マレーシアやパラオでも採用されている。日本の地方発の技術が活躍しているのだ。本当はごみ山の上に土を盛りたいのだが、バングラデシュでは土は貴重なため、これまで捨てられた古いごみをうえにかぶせているとのこと。いずれは、こ

ごみ処理場でごみ拾いをする女性（上）と、そこで暮らす家族（下）

こが緑豊かな公園になる計画だ。

このあと、すぐに、草の根・人間の安全保障無償資金協力で自動車や検査機器などの機材を提供したナリ・マイトレ母子保健診療所のNGO経営のクリニックに寄った。農村からの出稼ぎで都市の人口は増える。しかし、生活は苦しい。そうした人びとへの救いの手だ。

雑居ビルのような薄暗いビルに、診療室も検査室も入院室もある。何より驚いたのは、この国では一八歳以下の女性の出産率が三六%にのぼるということだ。医師も看護師も大半は女性で、夜の診療も部分的に行っているという。

ベッドに横たわる三組の母親と赤ん坊、輸血を受ける子供。そんなところまで案内してくれたが、帝王切開の手術室はさすがに遠慮した。途上国に共通するのは、先進国と人権感覚が大きく違う点だ。日本ではとても考えられない。

せっかくの機会なので、ほかにどのようなドナー（援助国や機関）がこのクリニックに協力しているのかを聞くと、大半は国際ケア機構（CARE International）などの国際的なNGOだ。ダッカの中心部に見栄えのする国際会議場を建てた中国の存在感は、ここにはない。

驚異の返済率を誇るグラミンバンク

その翌日には、マイクロクレジットで有名なグラミンバンクのタンガイル県にある拠点を訪れた。出発が遅れたこともあって、二時間かかって一一時にようやくグラミンバンクの地域統括店に到着した。

マイクロクレジットとは、失業者や十分な資金のない起業家、または貧困状態にあり融資を受けられないような人びとを対象とする小額の融資のことだ。誰も貸し手のいないバングラデシュの貧困女性たちの自立を助けようと、〇六年にノーベル平和賞を受賞したムハマド・ユヌス氏がはじめたものだ。

著者一行と迎えてくれたグラミンバンクの女性たち（上）と働く女性たち（下）

借り手が集まる統括店で驚いたことに、われわれを迎えるためだろうか、ざっと四〇～五〇人の女性たちが集まっていた。もっとも、グラミンバンク創成期には円借款が行われたことも考えれば、こうした歓迎ぶりも不思議ではない。二四年の歴史があるこの統括店には八〇人の会員がいる。このような統括店は全国に一〇万ヶ所あり、八〇〇万人が参加しているという。

人口は一億三〇〇〇万人だから、そうとうな割合だ。グラミンバンクに参加するには、趣旨に賛同し、署名ができ、最初に一七五タカ（一タカは一・八円程度）、約三一五円預金できればよいらしい。〇六年のノーベル平和賞受賞でとくに注目を浴びた〇七年は、日本人一〇〇名を含む九〇〇名の訪問者があったという。どうりで、マニュアルでもあるかのような見事なプレゼンテーションを行ってくれたわけだ。

最初に指名された女性の代表者は、一ヶ月に一〇〇〇タカ（約一八〇〇円）しかなかった稼ぎが、融資を受けて鶏やアヒルの販売に成功し、今では収入が四万タカになったことを滔々《とうとう》と述べた。もともとは道ばたに居住していたというこの女性の話は、たしかに説得力があった。その夫は乞食に近い生活をしていたが、現在ではアイスクリームを町から町へ行商する仕事ができるようになったそうだ。三人いる子供のうち長男は、学資ローンを受けて大学の法学部に通っている。その長男もグラミンバンクのすばらしさを説いた。

ここを訪れた多くの人は、ここまでのプレゼンテーションでおおいに感動させられるはずだ。私が疑問に思ったのは、九九％（全体でも九八％）という高い返済率だ。返済できなければ、四人一組からなる班全体が借りられなくなるため、誰かが肩代わりしているのではないか。つまり、九九％の返済率はみかけにすぎないと思った。

結果的に返済が滞り、立て替え払いをした人と、その他の人びととの間で関係がぎくしゃくするという話も聞いた。もっとも、マイクロクレジットの普及で女性の社会参加が進んだことや、極度の貧困から脱却するきっかけを与えられたことは、率直に評価すべきだろう。

受注は韓国企業

ついで、ジャムナ川で東西に分断されている国土を結ぶ、全長四・八キロの長大なジャムナ橋に向かった。ＪＢＩＣと世界銀行、ＡＤＢ（アジア開発銀行）の協調融資によって九八年に完成した橋だ。日本の貸付額は二一三億円だ。

興味深いのは、受注が韓国企業だったことだ。インフラ案件には、中国や韓国企業が競争力をもつという一例だ。こういう巨大インフラの効果は、経済が発展してはじめてわかる。今回は訪れる機会がなかったが、無償で作った、ダッカと第二の都市チッタゴンを結ぶメグナ橋は、需要を過大に見積もっているのではないかと、当時、ずいぶんと批判されたものだ。その意味では、ジャムナ橋は、二〇〇〇年の通行台数が一日あたり二〇〇〇台から、今では六〇〇〇台に増加していると聞いてほっとした。

しかし、通行料金が一一〇〇タカ（マイクロバス往復）というのは、バングラデシュの物価水準からすると高額だ。このあたりに課題は残されているのだろう。この橋の建設により移転した住民の村を見たが、バングラデシュ政府も他国で起きている反対運動に学習している印象を受けた。ジャムナ橋の東西に一ヶ所ずつある移転村には、学校、モスク、診療所などが完備され、土地も与えられている。もっとも、表面的な観察からはなかなかわからない住民の不満などがあることは、常に留意しておかねばならない。

初等教育支援に必要なもの

技術協力による理数科教育案件を見るために、マイメイシンの初等教員アカデミーに向かった。

ここでＪＩＣＡは、理数科教育の質の向上のための指導用教材開発などの事業を行っている。バングラデシュでは、昔の日本のような暗記一本槍の学習方法を、より生徒の自発性を促すような方法に変えようとしていた。その背景には、そうすれば子供たちのドロップアウトも減るのではないかという問題意識がある。この案件では、モデル校を選んで指導法を変えることで、どのような影響が生徒に生じているかについても分析を進めている。

ここからがややこしい。

教育分野に関しては、ここバングラデシュではＡＤＢが主導権をもち、各国が一括して予算を一つの基金に入れている。しかし、日本とユニセフはこの基金に加わっていない。結果としてＡＤＢをはじめとするドナーが議論に時間をかけすぎて成果を出せずにいる間に、日本は指導用教科書などを作成し、ほかのドナーから注目されているという。つまり、ここで日本が成功すれば、これがほかのドナーの賛同を得て、全国展開できる可能性があるというわけだ。

ただ一般的には、途上国の初等教育における生徒のドロップアウトの最大の理由は、労働力として使いたい両親の意向だろう。子供は行きたいが、親が行かせない。これが問題の根本にある。

同時に重要なことは、アカデミーの局長との議論で明らかになったことだが、教職員の待遇や社会的地位が低いために教師もアルバイトをせざるをえず、なかには辞めていく教師が少なくないという点だ。とすれば、このＪＩＣＡによる初等教育の支援も、教育の技術的な側面に加えて総合的な観点からより深く検討する必要があるだろう。

住民の温かい歓迎

アカデミーのプロジェクトの視察を終え、ランチを挟んで向かったのは、円借款による農村インフラ整備事業のサイトだ。これは、バングラデシュの農村開発技術センターが北部地域の一三県を対象として実施したものだ。この事業のおかげで、村にはアクセス道路が整備され、学校が近くなったうえに、市場もでき（店舗数一〇〇を数える）、診療所へのアクセスが便利になった結果、農民の生活が向上したという。

この道路建設にあたったのは地元の業者だ。技術や重機がなければ指導し、必要とあればリースもする。まさに地元密着型の円借款による道路建設だ。こういう案件は効果がわかりやすい。

興味を覚えたのは、道路わきに立ち並ぶ果樹だ。利益の取り分は、果樹の世話をする女性たちが四割、行政が三割、地主が三割とのこと。いろいろな国で数多くの案件を見てきた私だが、こうした工夫に出会ったのははじめてだ。地域住民との対話集会には多くの人びとが集まり、ヤシの実が用意されるなど、ずいぶん温かい歓迎を受けた。

経済インパクト大きい肥料工場

サイト見学の最終日、飛行機で第二の町チッタゴンに出かけ、バングラデシュの貴重な資源である天然ガスを原料に肥料を生産しているカフコ肥料工場を訪ねた。この国で最大規模の肥料工場だ。先方のプレゼンテーションの冒頭で、安全管理について詳細な説明があったが、聞けば、英国基準で五つ星の工場に認定されているという。たしかに、肥料工場の爆発は大惨事になる可能性があることを考えれば、説明に対する念の入れようは頷ける。

では、日本のODAとはどのように関係しているのだろうか。

今では特殊法人改革の一環として停止されてしまったが、開設当初のカフコには、投融資というスキームで海外経済協力基金（OECF）が、また輸出信用という形で日本輸出入銀行が支援してきた（〇八年の新JICA発足後に再開が認められた）。リスクの高い投資を手がける企業に対して、政府はODA資金を投入して融資を行ってきたのだ。

大企業に育ったカフコは、現在バングラデシュの輸出系企業が納める税金の半分を拠出しているという。これは大変な経済的インパクトだ。人口が急増する今、肥料に対する需要は高く、その意味で今後、成長の期待される分野だ。

説明によれば、バングラデシュで産出される天然ガスのうち、肥料に使っているのは、一五％にしかすぎないそうだ。発電で二五％、民生で残りという配分である。幸いこの天然ガスの九五％はメタンガスなので、肥料用に適している。こうした高品質の天然ガスは、カナダ、エジプトなど世界でもわずからしい。

目下の悩みは、大学の研究室を出た優秀な人材を採用したにもかかわらず、ほかの企業の引き抜きにあうケースがあとを絶たないことだという。昨年も一七名がヘッドハンティングされたそうだ。それだけカフコには優秀な人材がいるということだろう。バングラデシュは人材難とはいわれているが、有能なエンジニアが育ちつつあるのだ。

シェルター兼用の教室で学ぶ子供たち

このあと、毎年のようにサイクロンの直撃に遭うバングラデシュの人びとのために小学校の校舎兼用で建てられたシェルターの一つを視察した。九一年のサイクロンでは全国で一四万人の犠牲者が出たことを考えれば、その目的には大きな意義があるだろう。

一階が高床式になっていて、普段は二階以上が教室などとして使われている。一五〇〇名収容の小学校兼用のシェルターを、日本は八一ヶ所無償で建設している。

規模からしても標準的なものだと聞いたが、一棟あたりの建設コストが約二〇〇〇万円だという。やや高すぎないかと疑問をもった。それは、二〇〇〇年に完成したのにずいぶんと劣化が進んでいるように見えたからだ。積算根拠はぜひとも聞いてみたい。

もっとも、一般の建造物でも厳しい気候条件のため、劣化が早いとは聞いた。それにしても、建設当初は電気もなかったため教室には照明がない。子供たちにとり、これは劣悪な環境だ。

運輸セクター支援の強化を

視察の最終日には、韓国、ＡＤＢ、世界銀行の各ドナーに援助をはじめとするバングラデシュの問題点について聞いてみた。

印象深かったのは、どのドナーもバングラデシュ政府の汚職や、決定・実施の遅さ、つまり政府の統治能力について指摘していたことだ。途上国であれば、多かれ少なかれこうした問題を抱えているとはいえ、たび重なる政変など、バングラデシュ側の問題が大半だろう。

しかしその一方では、何十年もの間、黙々と援助し続けてきた援助国や国際機関にも責任の一端はあるように思う。韓国大使はバングラデシュ側の「決定しない状況」に忍の一字と答えたが、ＡＤＢからは明確な答えが返ってこなかった。ところが、世界銀行では、ＭＤＧｓ（ミレニアム開発目標）のいくつかの指標を、ガバナンスの低さにもかかわらず達成する可能性が高いと聞いた。

この矛盾はどう考えるべきか。おそらくバングラデシュの過去五年間の経済成長は、民間の力によるところが大といってよい。バングラデシュ農村向上委員会（ＢＲＡＣ、Bangladesh Rural Advancement Committee）などビジネスを手がける国際ＮＧＯの存在も目立つが、肥料、繊維製品と輸出企業の力はとくに大きいからだ。もっとも日本のＯＤＡの存在も忘れられない。こうした民間の活力を引き出すためにこそ、援助国の支援が役立ってきたからだ。道路をはじめとする経済インフラが企業活動の活発化、円滑化に効果的だったことは、ジャムナ橋の事例からも見てとれる。地道な技術協力も、バングラデシュの国づくりに必要な人材育成におおいに役立ってきたはずだ。

時は過ぎ、ODAがバングラデシュの財政に占める割合は、現在二％にまで低下している。今後はすでに進んでいるドナー間の協調などを一層強めることによって、二％以上の効果を目指すべきだ。

その場合、絶対貧困人口の比率が依然高いという点を考慮して、社会セクターへの支援を強めるとともに、車の急増による大気汚染の悪化の可能性を先取りし、自動車メーカーによるCSR（企業の社会的責任、Corporate Social Responsibility）の展開、さらには、民間企業の投資意欲を誘うようなODA案件の選定が求められよう。そしてダッカの交通混雑緩和のために、何より最優先課題として運輸セクターの支援を強化すべきだろう。

バングラデシュでの経験を一般化していて気がついたのは、途上国支援に共通する難しさを改めて確認したことであった。他方、現在バングラデシュは大きな課題を抱えてはいるが、着実に発展を遂げつつあり、そのポテンシャルは高いと感じた。

第四章　アフリカの大国、エチオピアとタンザニア——貧困を超えて芽吹く成長

二〇〇七年一一月、アフリカの大地を訪れた。そこで私が見たものは、これまで抱いていた貧困や紛争といったイメージとはかなり違うアフリカの姿だ。〝元気あるアフリカ〟に世界の将来を見た。

アフリカ再訪

二年ぶり、二度目のアフリカ訪問は、エチオピアとタンザニアだ。ともにアフリカの有力国だ。前回は、英国経由でケニアとガーナを訪れた。今回は、ドバイを経由するアラブ首長国連邦（UAE）のエミレーツ航空を利用したため、日本からの所要時間もかなり短くなり（乗り換え時間をいれても一八時間ほど）、航空券代も安くなった。まだまだ遠いが、エミレーツ航空のサービスや食事のよさ、新鋭機の投入もあり（アフリカと直接関係はないが）、私の気持ちのうえで感じるアフリカとの距

離は、確実に縮まっている。そしてこれは、日本におけるアフリカ・イメージの形成に重要な要素なのだ。

メディアによるアフリカ像は、貧困、飢餓、紛争といった負のイメージが強すぎる。たしかに、国連のＭＤＧｓ（ミレニアム開発目標）の達成が困難といわれるように、問題は相変わらず多い。しかし着実にアフリカはよい方向に進みつつある。

今回の最大の収穫は、エチオピア、タンザニア両国の発展ぶりを目のあたりにしたことだろう。両国の首都アジスアベバもダルエスサラームも、道路やビルの建設ラッシュの真っ直中だ。あちらこちらで道路が渋滞している。

このところ、国際機関や各ドナーがアフリカのインフラ整備の重要性を再認識したからだろうが、元気のよさは両国に限られたことではない。経済発展に向けた各種取り組みはアフリカ全土ではじまっている。それは、コンゴ、アンゴラ、シエラレオネなどアフリカ各地で起きていた紛争が解決に向かいはじめ、落ち着きを取り戻したことや、アフリカのもつ天然資源を目あてに各国の投資が増え、各援助国が重債務貧困国（ＨＩＰＣｓ）の債務を帳消しにしたことも無関係ではない。

もちろん、経済協力によるインフラの整備だけで終わらせてはいけない。整備されたインフラを利用して、国内外の企業がアフリカに投資をし、雇用が生まれ、人びとの生活が向上することこそが次のステップだ。その意味では、今の元気のよさが本物の元気のよさとなり、それが多くのアフリカの人びとに共有されなければならない。

ここでも、日本の援助関係者が厳しい環境のもとで頑張っている姿には、いつもながら感心させられる。

エチオピアの近代的なバラ栽培

私は個人的に花が好きということもあり、以前からアフリカのバラが日本に輸入されていることは知っていた。しかし、まさかエチオピアで近代的な設備のもと、これほど効率よくバラ栽培が行われているとは知らなかった。

日本のバラ輸入は急速に伸びている。〇六年には約八二〇〇万本が輸入され、国内流通量の約一七%にも達しているのだ。

訪れたKOTHARIバラ園は、日本が無償資金協力で改修をしたアジスアベバ近くの幹線道路沿いにある。経営するのは米国市民権をもつエチオピア生まれのインド人。バラはビジネスとして有望だと、〇三年にオランダ向けにはじめたという。先行するケニアや、エチオピアの南部に広がるバラ園の好調ぶりを知っていたのだろう。従業員は一三〇名（常勤は三〇名）だから、それほど多くはないが、地域の雇用に役立っていることは間違いない。パートの賃金は、もっとも低い人で日給一〇ブル（一三〇円）ほどだと聞いた。

温室のなかには、つぼみにネットがかけられた高さ一メートル五〇～六〇センチのバラの木が整然と並んでいた。すべて同じ種類であるところが壮観だ。私が中学生のころによく通った世田谷のバラ園は、異なる種類の黄色や真紅の花がところ狭しと植えられていたが、ここは完全にバラ生産工場だ。苗はエクアドルから購入し、水、肥料、温度、湿度、すべてコンピューターで管理されている。どうりで、従業員の数も思ったほどではない。

ここのバラは高地で作られているので、丈が長く成長し、それだけ高く売れるのだという。保冷室で、「JAPAN」と無造作に書かれた紙の下にバケツいっぱいのピンクのバラを見つけた。これがドバイ経由で、関西国際空港に一日半で到着するというのだからすごい。現在は四ヘクタールの敷地を、近々二倍にする予定だと聞いた。こうしたバラ園の投資も、幹線道路の改修が行われ、空港までの輸送が容易になったから実現したという。援助は着実に役立っているのだ。

古くて新しい水問題

エチオピアは世界でもっとも貧しい国の一つだが、今回改めて驚かされたのは、水の供給率が二二％に過ぎないということだ（UNDP報告書による）。サハラ砂漠以南のサブサハラ全体でさえ五六％あるというのだから、その厳しさは深刻だ。

「途上国と水」というと、私は、約二〇年前にインドのナルマダのダム周辺で、からからに乾いた井戸から濁りきった水を大変そうに汲み上げていた女性たちの姿を思い出す（本書の「はじめに」を参照）。国は違っても、同じように水は、古くて新しい問題なのだ。

日本はそのエチオピアで、地下水開発・水供給訓練を技術プロジェクトとして実施している最中だ。井戸といっても、掘っただけでは不十分で、維持管理が重要になる。日本をはじめとしたドナーや国際機関の協力の成否は、この点にかかっている。道路をはじめ、すべてのインフラがどれだけ長期間使用できるかは、まさに維持管理の質によって決まる。日本の技術協力で、すでに一八〇〇名のエチオピア人が研修を終えている。

他方、エチオピア政府も、国家計画として二〇一二年までに給水率九八%という目標をかかげ、新たに一〇万ヶ所の給水施設を作ろうとしている。これが実現できるかどうかはおおいに疑問というのが現地援助関係者の見方だが、私はこのエチオピア政府の国家目標達成のために、日本はできるかぎり協力したほうがよいのではないかと思う。その理由はいうまでもないだろう。水が安定的に供給される喜びを、多くのエチオピアの人びとと共有したいからだ。

地下水技術センター（EWTEC）の見学を終えて立ち寄った戸数四〇〇あまりのキリント村は、ようやく日本の草の根・人間の安全保障無償資金協力で井戸と給水施設が整備されたところだ。これで川までの水汲みの必要がなくなった。

しかし誰でも自由にこれを使えるわけではない。村の数ヶ所に設置された給水施設は、施錠され厳重に管理されている。盗水を防ぐためだ。しかも給水時間は限られている（経費を払えば、自宅まで引き込むことも可能）。村の責任者に見せてもらったノートには、使用料金（二五リットル一〇セント）を徴収した記録が記してあった。貴重な水の維持管理は徹底しているのだ。

タンザニアの整然とした灌漑施設

エチオピアをあとにしてタンザニアに向かった。

アフリカといっても五三ヶ国もある。アフリカに精通した人にとっては当たり前のことでも、知識も経験も不足している私には実に新鮮だ。エチオピアの人びとは、総じて女性は美人で男性はイケメンが多いし（多数の民族を抱えるので、一概には言えないが）、愛想がよい。他方、タンザニアの人びとからは違う印象を受けた。商業都市ダルエスサラームの人びとは、案外、無愛想だし、私が接触した範囲での印象だが、一流ホテルの従業員の接客態度もエチオピアとはえらい違いだ。何というか表情がないのだ。これから観光業に力を入れるというのなら、第一に解決しなければならない課題だろう。

まず訪れたのは、日本の農業協力の成功例としてとりあげられる機会の多いローアモシ農業開発事業だ。このあたりはキリマンジャロの雄峰を眺めるには絶好の場所としても有名である。

なぜこの地域に日本が協力をはじめたのだろう。聞けば、ニエレレ大統領の時代（一九六二〜八五）に、各援助国に開発地域を割りあてたのだそうだ。七〇年代後半からＪＩＣＡは水稲の技術協力を開始。八〇年代はじめには無償資金協力で農学技術訓練センターを作り、同時に円借款で灌漑施設を建設してきた。その間、技術協力は継続される一方、灌漑の協力は中断した。タンザニアの財政状況の悪化から、円借款はごく最近まで停止されたからだ。

肝心のプロジェクトの効果はあがったのだろうか。プロジェクト開始以前は、多くの人びとが山腹に定住し、低地では山腹に土地をもてない人びとが細々と稲作を営んでいたという。そこに灌漑による農業技術を日本が広めた結果、単位面積あたりの収量も増え、農民の生活は安定し、町を形成するまでになったという。

キリマンジャロ農業技術訓練センター（KATC）では、農業普及員、水管理職員、中核農家など、日本の協力により数多くの人材が育成されている。もっとも、問題がないわけではない。技術協力の成果は一定程度あがったものの、本来の灌漑対象区域以外の農家が開田したために水量が不足し、栽培面積を当初の予定どおりには拡大できていないのだ。なるほど、これだから経済協力は難しい。水利権問題は解決に向かって前進しつつも、最終決着にはまだ時間がかかりそうだ。

この技術協力を時系列的に見ると、九四年から〇一年と〇一年から〇六年の二段階に分かれる。〇七年から五年間かけて二段階目の成果を全国に普及するために、「灌漑農業技術普及支援体制強化計画」が開始されている。ずいぶんと長期にわたる技術協力だ。

日本の専門家からすれば、技術移転の初期の目的は達成されているとしても、期待どおりの成果はまだあがっていない。まだまだレベルアップは必要であり、技術協力もさらに必要ということなのだろう。しかし、需要の高まるコメを輸入に頼るタンザニアにとっては、灌漑農業技術の普及もさることながら、灌漑面積そのものを拡大することが重要ではないか。この点で、日本の協力のあり方について本格的な議論が必要であろう。

それにしても驚いたのは、三〇年近くも前の灌漑施設がメンテナンスのよさもあるのだろうか、いまだに古さを感じさせないことだ。もちろんその後日本の援助で修理した箇所はあるが、実に整然としている。日本人専門家の厳しい指導の成果だろう。着実に人材は育っているのだ。

帰国後にフィリピンの灌漑施設に詳しい専門家に写真を見せたところ、フィリピンでは考えられない維持管理のよさだと驚いていた。とはいえ、いくら個別の協力に意義があるとしても、協力開始の七〇年代から三〇年以上も続いてきた日本側の協力に途上国もさることながら、日本国内に惰性や既得権益が発生していないかどうかのチェックは必要だ。はじめがあれば、必ず協力にも終わりはある。タンザニア全体にとって何が今もっとも必要かを考えたい。同様のことは、エチオピアの地下水技術センターでも感じた。

映画『ダーウィンの悪夢』を検証する

キリマンジャロをあとに向かったのは、ドキュメンタリー映画『ダーウィンの悪夢』(二〇〇四年日本公開)の舞台となった、ビクトリア湖岸にあるタンザニア第二の都市ムワンザだ。

今回のアフリカ訪問では、先進国に搾取された悲しい町として描かれたムワンザの現在をどうしても、確認したかった。やらせ疑惑など映画への批判もあったからだ。

結論からいえば、日本をはじめとする先進国の豊かな生活が、途上国の貧しい人びとに支えられていることを知るためにもっともよい映画だという評価に変わりはない。とはいえ、兵器を輸送したロシアの航空機が、帰りに「主役」である淡水魚ナイルパーチを積んで帰るという描写にタンザニア政府が憤慨したことはよく理解できる。その点を映画で証言した絵の上手なストリートチルドレンは、二万シリング（二〇〇〇円）をもらって用意されたセリフを話したと私に答えてくれた（このストリートチルドレンは映画出演後、有名になり、今では観光客を相手に絵を売って生計を立てている。そのせいでもあろう、アパートに住むことができるようになったという）。にもかかわらず、そうした手法が映画全体の意義を否定するとは思われない。

映画を見ていない人のために簡単に内容を振り返っておこう。

主役は、われわれが日ごろよく口にするハンバーガーのフィレオフィッシュの材料でもあるナイルパーチ。ビクトリア湖で獲れる巨大な淡水魚だ。映画には、ナイルパーチ漁で生計を立てる田舎から出てきた漁民と、教育も受けられない子供たち、ナイルパーチをEUや日本向けに加工する現地の人びと、漁民相手の売春婦などが登場する。圧巻は、切り身を残して骨と皮だけになった体長一メートル以上はゆうにあるナイルパーチを、ウジ虫にまみれながら干し、町のはずれで油で揚げる村人たちのシーンだ。彼らは骨場で揚げた骨と皮を地方に売りに行く。見た人は、だれもがおぞましいと思ったはずだ。

この映画、実は最初に公開されたのは〇三年のことである。製作に五年かけているというから、映画が映し出すムワンザも漁村も、実は今から一〇年近く前の姿だということになる。私が訪れた岩山に囲まれたムワンザはあの映画から受ける印象とは違い、明るく活気に満ちていた。国立公園めぐりの拠点でもあるからだろうか、あちらこちらで白人の旅行客を目にした。

肝心のナイルパーチの骨場や加工場はどうなっているのだろう。人づてを頼りに探すと、町外れにまぎれもなく映画に登場した骨場はあった。はげコウ（ノトリ）と揶揄されるグロテスクな大きな鳥が残骸めがけて大集合しているし、煙が昇っているので幹線道路からもすぐにわかる。

車で近づくと、昼過ぎというのにせっせと働く男たちがいて、カメラを向けると指を立てて帰れと怖い顔を向けてくる。それはそうだろう。あの映画以来、ナーバスになっているのだ。聞けば映画公開後、取材攻勢で大変だったそうだ。それでも骨場を強引にぐるりと一まわりし、幹線道路に向かおうとしたら、政府の取材許可はあるのかと咎められた。ドライバーが機転をきかし「俺たちは政府の一行だ」と応じて事なきを得た。

ドライバーによれば、映画に登場したような水産加工場はいくつかあるという。その一つにアポなしで訪れた。

受付で日本で食べている魚の処理の様子を見たいというと、会社の概要は説明してくれたものの、加工処理の現場の見学は政府の許可がなければと、やんわりと断られた。それも道理だ。われわれが通された会議室こそ、あの映画のなかで社長がインタビューに答えていた部屋だったのだ。結局、別の水産加工会社で願いを叶えることができた。

「オメガ水産会社」。まさに映画で見たのと同じシーンが、目の前で展開している。しかし映画と大きく違ったのは、ナイルパーチがすこぶる小ぶりになったことだ。大きなものでも一メートル、大半は七〇～八〇センチしかない。グロテスクなほどに大きかった映画とは違い、ずいぶんかわいらしい。聞けば乱獲が祟った結果だという。これは、消費する先進国のわれわれにも責任があるということだ。今では、魚種の保護のために四五センチ以下は捕獲が禁じられているという。

もっともタンザニアでは、ナイルパーチのおかげで雇用が創出され、地元にカネが落ちていることも事実だ。それだけではないだろうが、ムワンザの町は、いたるところで道路工事やビルの建設ラッシュだった。映画の舞台となったホテルを含め、ホテル料金も高騰している。高すぎてタンザニアの人びとの口には入らないとされたナイルパーチも、今では地元の魚市場に入っているし、週一度開かれる大きな市では干物まで買えるという（一〇年二月にウガンダを再訪した際、市場ではナイルパーチが売られていた）。着実にアフリカが経済発展を遂げつつある姿を、ムワンザで確認することができた。

想像を超える中国の存在感

ムワンザやダルエスサラームのタンザニア、そしてエチオピアでも、予想されたとおり、いや、それ以上に中国の存在は大きいものだった。

道路工事の九〇％に、何らかの形で中国企業がかかわっているという。アフリカが貧困から脱するためには内外からの投資が必要であり、それには、道路、電力、港湾施設など、経済インフラの整備が不可欠だ。

日本をはじめ、各国企業が中国企業を批判する理由は、どう考えても低すぎる価格で落札しながら工期内に完成しなかったり、本来の価格との差を過剰請求で埋めたりするという強引なビジネスぶりにある。自国の労働者を連れてきて、アフリカに雇用を創出していないという批判もよく聞く。もっとも、そうした国際的批判を気にしてか、中国企業もアフリカの一部のプロジェクトでは、管理職以外は現地の人びとに任せはじめたという。

いずれにせよ、中国の安値入札の結果、中国企業に対抗して入札しようという各国の企業はほとんどいなくなった。もっとも、インタビューした日本企業関係者によれば、中国企業のなかにも国際標準に達するような優良企業が増えつつあるとのことだ。中国企業同士の競争のなかで、「行儀の悪い」中国企業は自然淘汰されていくことになるのだろう。

タンザニアでは、国立競技場も首都ドドマにある国会議事堂も中国から贈られたものだと聞いて、またかと思った。批判されてきた日本のハコモノ路線をそのまま中国は真似ているのだろうか（日本はこれほど巨大なものは作らなかったが）。日本の援助の歴史から学習しているはずの中国が、これでよいのだろうか。そう書いて、はたと思った。中国の援助の歴史は、第三世界の盟主として一九五〇年代からはじまっており、アフリカへの競技場などのハコモノ支援は七〇年代からのことだ。現象面だけを捉えての批判は、かえって対中国認識を誤るかもしれない。

さすが中国と思ったこともある。パブリック・ディプロマシーのきめ細やかさだ。これは、一般の人びとにその国に好印象をもってもらうために、さまざまな活動を政府が行うことを指す言葉だ。青年海外協力隊員が司書として活動を行っているムワンザ州立の図書館（といっても蔵書はわずか二万三〇〇〇冊）にも、『CHINA TODAY』など複数の中国を紹介する英文雑誌が置かれていた。ムワンザは人口四七万人の第二の都市にすぎない。中国の底力のようなものをみた気がした。他方、日本は予算がないのか、青年海外協力隊の隊員はいるが、日本紹介の英文誌『JAPAN TODAY』は置いていなかった。

日本もオチオチとしてはいられない。ただし、道路をはじめとした経済インフラ分野において、中国のやり方にあまり感情的になりすぎる必要もないだろう。元気なアフリカを支えている有力な援助国の一つはまぎれもなく中国だし、その成果は、日本を含む先進国にとっても、アフリカへの投資の際には利用価値があるからだ。

ダルエスサラームは日本の中古車で埋め尽くされていた。「〇〇学園」など漢字表記が残る車体が行き交う光景は、一〇年前のアジアとそっくりだ。

問題は、修理工場が少なく大気汚染が心配されることだ。〇九年のTICADⅣ（第四回アフリカ開発会議）でも地球環境が大きな目玉になった。アフリカで大きなシェアをもつトヨタは、CSRの一環として修理工場などを作ったらどうだろうか、などと思った。

第五章　希望の大地、アフリカを行く　1――ウガンダ

二〇〇八年一二月、アフリカのウガンダ、ルワンダ、ケニアを訪問した。現地では日本のODA案件のほか、日系企業、アフリカ開発銀行（AfDB）や英国国際開発省（DIFID）をはじめ現地の政府機関やNGOなどを駆け足でまわった。今回もまた、前を向いて歩く、アフリカの今を確認した。

中古車がひしめく

ドバイで飛行機を乗り継ぎ、名古屋からウガンダのエンテベ空港まで約二二時間半。近くなったとはいえ、やはりアフリカは遠い。でも、不思議と飛行機を降りる段になると、目の前に広がる景色に、期待で胸がドキドキする。

空港ビルの外に出ると、谷の向こうの緑の丘に住宅が立ち並んでいるのが目に入る。標高一三〇

○メートル。やはり、アフリカには青空が似合う。この明るさが好きだ。

日本の本州ほどの面積に人口は三〇〇〇万人。首都カンパラ市内に向かう途中、空港の敷地にいくつもの国連機や車両やコンテナが見えた。聞けば、アフリカに展開する難民キャンプの支援基地だという。これまで何度も訪れたアジアの途上国との違いを感じる。

市内はずいぶんと交通量が多い。ボディに青と白や黒と白のラインの入ったミニバスや、トヨタをはじめとする中古の日本車、トラックが走る。〇〇急便や〇〇教習所、〇〇幼稚園の文字の書かれた車にまじって、〇〇公司の漢字も踊る。中古車市場でも中国が存在感を示しはじめているのだ。JICAの関事務所長によれば、これでも今日は普段よりも空いているという。たしかに翌日以降、そのことを否が応でも思い知らされることになった。何しろカンパラ市内は、車だらけなのだ。

信号機の設置

ウガンダを含め多くの途上国が、急速な経済成長による交通量の増加に対して道路の整備が追いついていない。ウガンダでも、郊外に向かう道路のかなりの部分は、路肩が整備されていない簡易道路のようだ。

ウガンダ政府はもちろん、国際機関やほかの援助国もこの問題点は十分に認識しているが、何しろやるべきことが多すぎるのだ。どの途上国にも共通するが、道路が未整備なことに加え、信号機が不足しているために渋滞が生じている。

道路などの援助が得意分野の日本は何をしてきたのかといえば、九八年のカンパラ市内幹線道路改善計画にはじまり、数次にわたって無償資金協力を行ってきた。改修された交差点は一四ヶ所にのぼる。

こうした協力のなかにはウガンダ初の信号機の設置も含まれ、今では全部で九ヶ所の交差点に日本製の信号機が点滅している。それも省エネ仕様だという。設置前よりは円滑な車の流れを促したに違いないが、それでも車の急増には追いついていない。このままでは経済活動にも支障をきたすはずだ。なんとカンパラ市内では、この四、五年ほどの間で、月に八〇〇から一〇〇〇台の中古車が増えているというのだ（州崎前JICA事務所長の話）。

坂道の多い市内に入ると、渋滞の別の要因がわかった。英国植民地だったためにラウンドアバウト方式の交差点（中心の「島」の周囲をまわるシステム）が混乱に輪をかけているのだ。実際、国際会議開催日と重なったこともあって、アフリカ開発銀行からホテルへの帰途、大渋滞に巻き込まれたわれわれは、車を降りて歩いたほどであった。

この方式は、車が少なければ信号で止められることもなく流れはスムースになる。ところが車が増えると、中央に位置する「島」の周囲をぐるりとまわっている間に先を争う車同士が押し合いになり、渋滞が起きてしまうのだ。

それでも、ウガンダの人びとは案外我慢強い。インドやバングラデシュでこんな渋滞が起きたら、間違いなく聞こえてくるはずの大音量のクラクションが聞こえないのだ。これを緩和するにはラウンドアバウト方式をやめて、通常の十字路交差点にすることだろう。日本の協力が今後も行われるとすれば、その点に絞るのも一つの方法だ。

前述の日本の信号機設置の協力には後日談がある。JICA事務所近くの日本の信号機に重なるように、中国が風力発電の風車を建てたのだ。日本人からすれば、せっかくの日本の援助に、中国が水を差した形になり、現地ではちょっとした話題になったらしい。「また中国が」というわけだ。

ウガンダの人びとのためになるのであれば、どの国が援助してもよいような気もするが、援助も各国間の競争。最前線にいる人びとにとっては気が気ではないだろう。たしかに、ウガンダの外務省は中国が無償で建て、財務省も入札を経たうえで中国企業が落札し、建設したものだ。とにかく、どこに行っても中国の存在感に改めて驚く。宿泊したモダンで快適なホテルも中国の建設と聞いてももはや驚かなかった。

産業育成に必要な交通インフラ整備

最初に信号機の支援を紹介したのは、いうまでもない。貧困の削減には、保健、医療、水供給を含めた人道的援助はもちろん重要だが、同時に経済が成長し、人びとが豊かになることで、結果として貧しい人びとが減少するのが望ましいからだ。

二〇一五年までに世界の貧困を半減することなどを目指すＭＤＧｓ（ミレニアム開発目標）の達成についても、例外ではない。そう考えれば、輸出中心にせよ、内需の主導にせよ、経済の成長には雇用を創出するためのウガンダ国内への投資が必要となる。ところが、企業の投資意欲を促す道路などの輸送網のインフラが指摘したように不十分だ。こういうところにこそＯＤＡの出番がある。

そこで思い出したのは、前章で述べた〇七年一一月に訪れたエチオピアのバラ園と道路整備のことだ。バラ園ビジネスがはじまったのは、日本からの無償援助で道路が整備されたことと無関係ではなかった。この結果、輸送時間を関西国際空港まで一日半に短縮することができた。交通網の整備がいかに重要かがうかがえる好例だ。そう考えると、ウガンダの現状は深刻である。

二〇年以上もの長期にわたり、政権の座にあるムセベニ大統領の評価は分かれる。しかし、一つ確かなことは、ＧＤＰ成長率が九〇年代から平均して六～七％を維持し、とりわけ過去五年間は、農業の輸出が好調だったこともあり、成長率七・九％を達成していることだ。

タイミングよく五年ほど前にアルバート湖近くで石油が見つかり、いずれは産油国との期待も高い。温厚そのものといった感じのスルマ財務大臣も、その点を指摘したうえで、噛みしめるように政策分野の優先順位の一位にインフラ整備をあげた（以下、農業、初等・中等教育の順）。

とりわけウガンダ側の期待は、東に国境を接するケニアのモンバサ港からウガンダの首都カンパラを抜け、ウガンダ南西でコンゴ民主共和国（旧ザイール）やルワンダにつながる幹線道路（北部回廊）の拡幅や整備にある。内陸国として海岸線をもたないウガンダにとり、陸上輸送路は、内需の点でも貿易の点でも、グローバル化した社会で生き残るためにはきわめて重要だ。ルワンダとコンゴ民主共和国にとっても事情は同じだ。

国境を陸続きにもたない日本人には、国を超えた道路を想像しにくく、どうしても国単位の援助を考えてしまう。彼らが東アフリカという地域全体の発展を望んでいる今こそ、援助が時間的にも細切れにならないように、無償、有償あらゆる手段を使って積極的に支援すべきであろう。

日本の技術に期待する声とアンタイドの壁

その北部回廊で円借款事業につながればと期待されているのが、開発調査実施中のナイル架橋建設計画だ（調査費用三億円）。カンパラから八〇キロ付近でナイル川にかかる橋である。片側一車線で老朽化著しい現在の橋の架け替えが、ウガンダ政府の要望である。

たしかに古い。橋を渡りだしたら、レンタカーのドライバーが急に減速しはじめた。時速二〇キロ規制。なるほど、これでは現在の橋を修復したとしても一五年ほどしかもたないという説明は、素人目にも理解できる。

ところどころ、舗装が剝がれている。おそらく経済の急速な発展とともに利用車両が急増し、なかには過積載のトラックも多いのだろう。すぐに崩落することはないにしても、減速運転による経済的損失は少なくないはずだ。したがって、橋梁の建設そのものの意義には問題はなさそうだ。ウガンダ側の期待も高い。

問題が少ないもう一つの理由は、橋梁としては、バングラデシュで見たメグナ橋やジャムナ橋とは比較にならないほど小規模で、周辺環境への影響も小さいからだ。架設予定ルートには繊維関係の工場があるものの、事業本体への障害とはならず、また、移転住宅も多いようには見受けられなかった。

日本にとって問題は別のところにある。ＪＩＣＡの開発調査が終了し、約七〇億円と見積もられているこの案件を、日本企業が入札手続きを経て落札できるかどうかだ。聞けばウガンダ政府は日本企業を強く推しているが、他方、円借款を活用すれば原則一般競争入札となり、勝ち目はない。すでにいくつか例があるように、円借款案件を、中国企業を含めた外国企業が落札する可能性も高そうだ。

無償、有償、技術協力の三スキームを備えた新ＪＩＣＡがせっかく発足した。是非とも日本企業に手がけてほしいと思うのは、私だけではないだろう。

いずれにせよ、開発調査が終わり、手続きに四年、建設に三年と、完成まで七年もかかるという見方もあるが（もっと短くできるという別の関係者の指摘がある）、ウガンダ側の関心はそのスピードにもある。

この橋の架け替え計画の説明を受けながら、インフラ整備の援助の現場はかくも地道なものかと改めて思った。

災害発生時の毛布やミルクの配布などの緊急援助や、医療支援といったいわゆる人道的援助は、喜ぶ人びとの姿がすぐそこに見える点で、実にその効果がわかりやすい。それに対してインフラ整備は、橋でも道路でも、あるいは港湾施設でも、日本の国民にとって、完成後であってもその効果がわかりにくい。なぜインフラ整備が援助なのかという素朴な疑問も、まだまだ根強い。ましてや今回のように、具体的な建設が行われる前の調査であればなおさらだ。しかし、無償でも有償でも具体的な案件は、こうした地道な開発調査によって支えられている。建設現場で働く現地の労働者は当然としても、こうした事業にかかわるコンサルタントやゼネコンなどの努力なしには橋が完成しないことに、どれだけ多くの納税者が思いを馳せることができるだろうか。

顔が見える技術協力

橋や道路に比べて日本の納税者にわかりやすいのが、日本人の専門家派遣や研修員の受け入れによる技術協力だ。その理由は顔が見えるからだ。技術移転の相手先はウガンダの人びとであり、喜ぶ姿やその難しさを容易に観察できる。

ウガンダでの技術協力は、次に詳しく触れるネリカ米（アフリカ用に開発されたコメ）振興や理数科教育をはじめとして、これまで数多く行われてきた。ここで紹介するのは、カンパラ近郊のナカワ職業訓練校だ。ウガンダには、ドイツやアフリカ開発銀行が援助してきた二ヶ所に日本が支援するナカワを加えた、計三ヶ所の国立職業訓練校がある。それ以外に民間の訓練校も数多くある。それでも、まだまだ製造業を支える技術者が十分に育っていないところに、この援助の難しさがある。

緑が点在するナカワ職業訓練校の敷地は広く、建物も自動車整備や木工など部門ごとに分かれており、これまでほかの国で見てきた同種の訓練校より大きく、本格的なものであった。

徹底した面倒見のよさは、良くも悪くも日本の援助の模範といっていいかもしれない。それは協力期間を見ればわかる。一九六八年に開始され、政治的混乱で中断した時期はあるが、資金援助をともなう日本の協力は、すでに二〇年あまりになる。日本のウガンダに対するＯＤＡの歴史とともに歩んだこの案件を一言でいえば、職業訓練校の教員、すなわち指導員の養成である。

ここでの協力は、一九六八年から七四年にかけて行われたプロジェクト方式の技術協力にはじまる。その後、九七年から〇二年までは指導員の技術向上、訓練コースの内容指導。続く〇二年から〇四年までは、技術移転が遅れていた分野のフォローアップなど。

さらに、〇四年から〇六年までは、ナカワ職業訓練校を活用した周辺国への協力、いわゆる南南協力を実施した。日本の技術協力の成果がウガンダ人の手で周辺途上国に移転されることこそ、日本の援助が目指す波及効果だ。ここまでの予算を積算すると一六億円を超える。

その後、〇七年から二〇一〇年までの予定で、電子・電気、自動車、金属加工、管理者の分野に関して、効果的な教育や訓練を行うための指導員の養成を中心とする協力が行われている。予算は二・九億円。われわれが訪れたのはこの段階である。協力期間中、長期派遣専門家が一人、それに一ヶ月から四ヶ月の間の短期専門家が一〇人派遣される予定になっている。さらにウガンダ側のカウンターパート一〇人が、期間中に日本で研修を受ける計画だ。

今回の協力目的は、ウガンダ政府が職業資格制度を導入したにもかかわらず、それに準拠した教育や訓練技術を指導員が習得しておらず、その点を日本の技術協力によって補うためだという。残念ながら、視察に訪れた時期はすでにクリスマス休暇にあたり、見かけた訓練生はテストに挑む一部の生徒だけであった。しかし、垣間見たその真剣なまなざしは万国共通だ。

以上のように、日本はウガンダ側のニーズの変化にこたえつつ、かゆいところに手が届くような協力を積極的に行ってきた。建物の建設から指導員の教育訓練を経て、今では指導員養成のためのトレーナーの指導にまで協力を深化させてきた。この間、日本人専門家のカウンターパートであるウガンダ人四〇人ほどが、日本での研修に参加してきた。訓練用の作業場で会った何人もの指導員から、片言の日本語を聞いた。こうして日本を知るウガンダ人が増えていくのは、間違いなくよいことだ。

もっとも、悩みはつきない。訓練校自体の財政難に加え、産業界の要請にこたえるような技術の進歩に指導内容が追いついていないし、ほかの訓練校から転任してきたという長身瘦軀《そうく》の校長によれば、訓練生の就職先問題もその一つだという。帰国後に日本で確認したところ、この訓練校を大学に格上げすることで、さらに社会的地位をあげ、直面する課題を解決するという案が日本側から提示されているが、これは遅々として進んでいないようだ。

技術協力の成果の一端なのだろうか、よい意味で驚いたのは、自動車整備や、洋タンス、椅子などの木工製作などにおいて、外部からの注文を受けるほか、企業の研修も受け入れて現金収入を得ていたことだ。援助だけに頼らず自助努力も行っていると知り、ほっとした。ラジオやインターネットを活用し、ナカワの訓練所のこうした収益事業を宣伝しているという。途上国もインターネットの時代なのだ。

では今後、日本はどのような協力をすべきなのだろう。ここまで成果があがり、人材も育っているのだから、日本は手を引く時期ではないか、というのは言い過ぎだろうか。これまでの歴史を振り返ると、協力を継続することを前提にニーズを日本側が発掘してきたとの印象を受ける。専門家の派遣も含め、ＪＩＣＡの技術協力は厚生労働者や国土交通省、環境省など国内の官庁の応援を受けて行われている。

その意味ではこれは、ＯＤＡ予算が右肩あがりであったよき時代の典型的な案件である。選択と集中こそが求められる今後のＯＤＡでは、こうした恵まれた案件は限られることになろう。

バイタリティーあふれる青年海外協力隊員

最後に、青年海外協力隊の活動にも触れておこう。

現在、世界の七五ヶ国で活動中の隊員数は二三九九人（〇九年一一月）にのぼるが、そのうちウガンダで活動する隊員は、周辺国の政情不安もあって、なんと一一〇人に達していた。世界一である。ウガンダの隊員と何度か意見交換をする機会があったが、これまで数多く出会った隊員同様に、日本も「捨てたものではないな」という新鮮な感動を覚えた。彼らが日本とウガンダの将来を支えるのだ。もちろん、参加の動機はそれぞれであり、なかには自分探しの旅が目的という隊員もいる。しかし、電気も水道も不自由な地域で、現地の言葉を使いながら行われている活動の実態については、同世代の日本の若者に是非とも知ってほしいといつも思う。

　自動車整備の訓練校二ヶ所を活動現場とするＦ君は、一ヶ所では協力の成果があがったものの、片方では時間つぶしといった様子の指導員に、どうやる気を出させるか格闘中だった。また、派遣先のＮＧＯに行ってみたら、基金がなくなったので予定のプロジェクトは行わないと宣告され、途方に暮れたＧさんは逞しかった。現在、めげずに活動現場を開拓中だ。マラリアに二度罹っても平気な隊員にも会った。

　こうした隊員たちが語ってくれるエピソードは、波瀾万丈で時間を忘れるほどなのだが、今回、新たなことを知った。隊員と専門家の間で構築されていた、援助の現場を通じた協力である。

小学校が隊員の活動拠点に

　ウガンダの首都カンパラから地方都市のジンジャに抜ける途中、青年海外協力隊員のＨさんの活動する小学校に寄った。道すがら見た大木の真っ赤な花がとても美しい。

　バナナや雑木などが点在する向こうに、平屋建ての校舎らしきものがあった。これまで訪問したラオスやベトナム、バングラデシュなど各地の小学校に比べても格段に小さい。あとでわかったのだが、ここは寄宿舎を併設した手作りの私立学校だった。寺子屋といったほうがよいかもしれない。

　客人に失礼がないようにと思ったのだろうか、迎えてくれた牧師でもあるスリムな校長先生は、慌てて白いカラーを首に巻きつけながら、われわれを迎えてくれた。肌の色は茶褐色というよりも黒に近く、年齢は五〇歳ぐらい。真っ白な歯に満面の笑みが印象的だ。

どの活動拠点でも概して隊員の評価は高い。なぜ高いのか、その理由は後述するとして、この小学校には通学組が七〇人、寮生活の子供たちが三〇人いる。ちょうど休みだったせいか、子供たちの姿はあまり見かけなかった。それでも残った寮生たちの笑顔は、どの国でも同じで屈託がなく明るい。

ただ、ここに通う子供たちには共通した特徴がある。身体障害、聴覚障害、知的障害など何らかの障害があり、親が一般の学校に通わせたくなかった子供たちなのだそうだ。でも、ウガンダでは、一般の公立学校は無償だったはずと思って聞いてみると、政府はそう言っているが、実際には文房具や制服、昼食代などさまざまな名目で費用をとられるのだそうだ。

「働きにも出られないような障害児に、どうしてカネをかけねばならないのか」。そうした認識をいまだにもっている親は、ウガンダにはまだまだ多い。教育の機会を奪われそうになっているそうした子供たちを、寺子屋の校長先生は救おうというのだ。

理科を教える先生の一人によると、置かれている境遇は厳しいものの子供たちの向学心は総じて高いという。それを聞いてほっとした。しかし授業料の未納もあって、学校経営は四苦八苦だ。食費にも事欠く有様だという。政府の補助もほとんどない。寮の子供たちはHさんが隊員支援経費で購入したパイプ製のベッドのお陰で、ようやく床でごろ寝の生活から解放された。

Hさんの活動ぶりを聞いていて、つくづく知恵と工夫は必要だと思った。後述する専門家に指導してもらったネリカ米の栽培を、この小学校の畑でも試み、収穫に成功したのだ。これが不足がちな子供たちの食費をおおいに助けてくれたという。

ウガンダの人びとにとって、コメは輸入に頼る貴重品だ。だからこそ、学校で栽培に成功したネリカ米に校長の喜びもひとしおなのだ。こうして成果をあげられたのも、校長室の隣に一室をあてがわれたHさんが、寝食をともにしながら、現地の人びとがどのような問題を抱えているかをつぶさに観察しているからにほかならない。

困難に直面している隊員の話

案内された学校裏の畑には、たしかにネリカ米が細々ながらも穂をつけていた。水田に広がる緑一面の苗代や、たわわに実る黄金色の穂を想像していたが、それとは違う。そうだ、陸稲《りくとう》なのだ。頼りなさそうに見えた理由もわかった。間作といって、コーヒーやトウモロコシ、バナナの栽培のあいまにネリカ米を植えているのだ。

この話には後日談がある。生徒の父兄や地域の人びとがネリカ米に関心を示し、その栽培方法を教えてほしいと言ってきているのだという。われわれが訪問してからしばらくして開かれた二〇人が集まったワークショップでは、一軒につき一キロの種籾《たねもみ》が配布され、日本の専門家の指導のもと、雨期を迎えて種まきがはじまったという。

Hさんの活躍はネリカ米にとどまらない。学校から道を隔てて向かい側に渡ったところに、壊れたまま放置されていたこの地域の共同井戸を、彼女の発案でＪＩＣＡの隊員支援経費を活用し、修復したのだ。彼女が地域の人びとから感謝されている理由は、そこにもあった。

足を運んでみると、一九五〇年代、世田谷の祖父の家の裏にあった手押しの井戸と同じようなものが鎮座していた。水供給では、日本の六〇年遅れなのだ。いやウガンダだけではない。依然としてアフリカでは、安全な水へのアクセスは十分に確保されていない。周辺の川などへの水汲みは、子供や女性の仕事だ。

いささかＨさんの活動を褒めすぎたかもしれない。同じように頑張っている隊員がほかに何人もいることは、ウガンダに到着した日の隊員との夕食会でよく理解できた。

その一人は、ケニア国境近くの病院で臨床工学技師として働くＩさんだ。〇五年に日本のＯＤＡで導入したレントゲン、電気メス、心電図などの機器が、技師の不足や、消耗品や部品の補給を行う財政的余裕がないために十分には活用できていないという。こうした問題に直面する隊員はけっして少なくはない。自分だけの力では解決できない問題だからだ。病院側で消耗品や部品を用意できないのだからやむを得ないと結論づけるのは簡単だ。二〇年前にバングラデシュをはじめて訪れたときも同様の話を聞いた。とはいえ、こうした古くて新しい問題はいつになったら解消されるのだろう。

Ｉさんのような問題を抱える隊員の話を聞くと、Ｈさんはかなり恵まれていると思う。彼女の積極さやアイディア、それに行動力もさることながら、何よりも受け入れ先の小学校の校長や先生方が一緒になって状況を変えようと努力しているのだ。それにネリカ米にしても、同じように専門家の指導を受けたものの、はかばかしい成果をあげられなかった隊員もいる。いずれにせよ、一口に隊員の成果といっても、さまざまな条件が重なったうえでのものだとの思いを深くした。

ネリカ米の普及

Hさんが活動する小学校のネリカ米から、いよいよ本格的なネリカ米普及の話に移そう。目指すは、カンパラから四五分ほどのところにある国立の作物資源研究所だ。

赤茶色の未舗装道路のアップダウンが続くなか、ドライバーが巧みに車を走らせる。ようやく着いた研究所は緑豊かな自然が広がるところにあり、とても美しい。

この道四〇年の稲作専門家の坪井達史さんと、まだ専門家としては新人だが、やる気に充ちあふれた後藤明生さんに迎えられる。なんだか親子のような二人だ。早速ランチをいただく。そういえば、ずいぶんとおなかがすいていた。今日は現地食と聞いたが、何が出てくるのだろう。

食堂の一段下がった片隅に炊事場があり、気のよさそうな笑顔のおばさんが、サツマイモ、キャッサバ、トウモロコシ、マトケ（甘味のないバナナ）、それに牛肉のトマト煮込みとご飯を慣れた手つきで盛り付けてくれた。いずれもふかして練ってある。大盛りだ。こんなに食べられないよと思ったが、意外に食が進む。これが現地の人の常食だという。感謝しながら、ほおばる。

研修棟に移動して、ウガンダに対するコメ振興協力プログラムのブリーフィングを坪井さんから受ける。冊子の一ページ目を見て、農業分野への日本の協力は半端ではないなと思った。ウガンダのGDPに占める農業セクターの割合は四割、農業従事者が国民の八割という現実を反映したものだが、それにしても本格的だ。

ネリカ米振興計画（〇八年度から四年間で三・五億円）と、東部ウガンダ持続型灌漑農業開発計画（〇八年度から四年間で二・八億円）の専門家の指導を中心とする技術プロジェクトが二本。それに、無償資金協力で東南部アフリカ稲研究・研修センター（〇九年度に実施予定が五・五億円）。それ以外にも、畜産や養蚕のプロジェクトがあり、件数でも金額でも（円借款を除く）ほかのセクター（経済基礎インフラ、運輸・交通、初等後教育、保健サービス、水供給、ガバナンス支援等分野横断型）を圧倒する。

アフリカのコメ需要

ウガンダを含めたアフリカでのコメ需要は、栄養価の高さもあって毎年六％も増加している。生産は追いつかず、毎年アフリカ全体で七〇〇万トンを輸入せざるをえないという。日本が協力するネリカ米振興計画では、この状況をコメの増産によって改善しようというのだ。

それには農家のやる気を引き出すことが必要になる。そこでプロジェクトの目標に、栽培農家の所得の向上をかかげている。豊かになれるのなら頑張ろうという気にもなるだろう。その過程で、生産性の向上、面積の拡大によるコメの生産量増加が期待されるというわけだ。当然、収穫後の処理を含めた技術の向上も想定している。

ネリカ米の田んぼ（上）と坪井さんが育てたネリカ米の稲穂（下）

主として陸稲を前提にしたネリカ米振興計画と同時期に東部では、持続型灌漑農業開発計画もはじまった。ここでは、別に開発された水稲用ネリカ米を作付けする予定だという。

われわれも長靴にはき替えて、研究農場を案内してもらった。昼食時に降り出したスコールもやみ、緑がいっそう美しく映える。

ネリカ米と一口に言っても、品種改良を重ねに重ねて今の姿があることを知った。ネリカ米がアフリカ各地に普及するには、異なる気候や土壌に適合する苗が必要だが、こうした土壌適用実験など地道な努力こそが必要なのだろう。何気なく口に入れている農産物には、みなこうした背景があるのだ。思わず、「一粒も残してはいけないのよ。お百姓さんが苦労して作ったのだから」と言った、亡くなった母の言葉を思い出す。

実験農場といっても、さすがアフリカ。広がる田畑はスケールが大きい。時折、つまずきそうになりながらぬかるみを歩き、ようやくたどり着いた段々畑の下のほうの湿地帯では、水稲のネリカ米が試験栽培されている。

一〇〇年後に思いを馳せる

フィリピンにはじまり、インドネシア、アフリカと、稲作一筋に生きてきた坪井さんは、どうしてこれほどまでにネリカ米に入れ込んでいるのだろう。このことを率直に聞いてみた。

すると、一〇〇年後にアフリカの農家で、「今、稲作をやってお米を食べられるようになったのは、曾祖父が日本人に稲作を教えてもらったお陰だよ」と言ってもらえるようになるのが夢だという答えが返ってきた。短期的に協力の成果をはかるのではなく、長期的に見てほしいということだろう。少なくともウガンダ側の受け止め方は、今のところ坪井さんの願いどおりだ。

ブリーフィングの途中で挨拶に来た局長の息子は、毎日のようにネリカ米を食べているとうれしそうに語っていたし、ブケニア副大統領みずからネリカ米振興の旗を振り、副大統領夫人は日本大使のコックにネリカ米のおいしい炊き方を習いに来たとも聞いた。なにやら国をあげてのネリカ米振興なのだ。

日本の協力の成果が四年のうちに、どのように実るのか、今から楽しみだ。それにしても、行う側と受ける側の呼吸がこれほどピタリとあった協力も珍しい。秘密の一つは熱意、それにHさんの

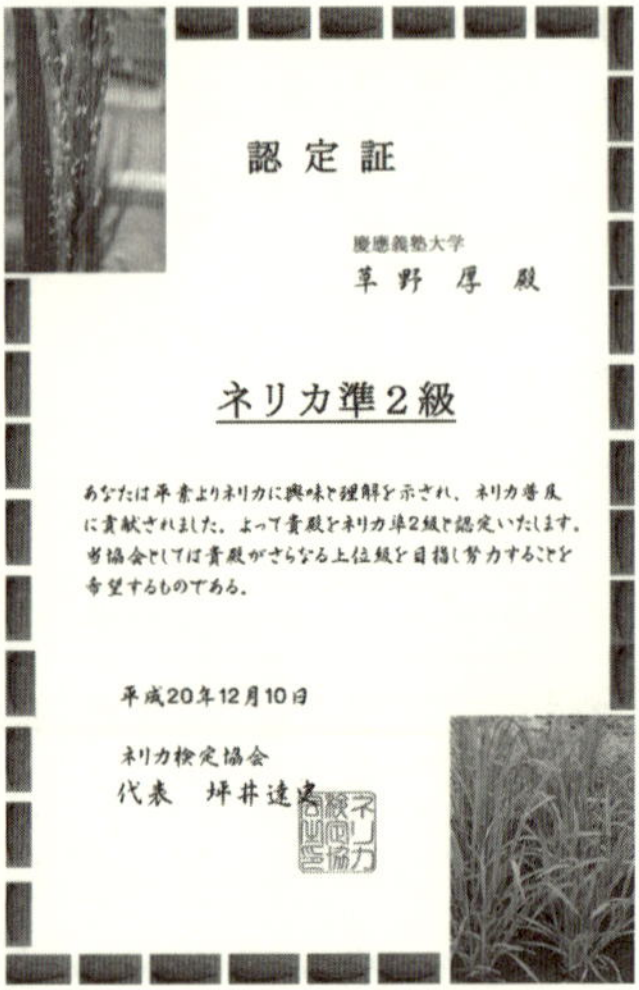
認定証

慶應義塾大学
草野　厚　殿

ネリカ準２級

あなたは平素よりネリカに興味と理解を示され、ネリカ普及に貢献されました。よって貴殿をネリカ準２級と認定いたします。当協会としては貴殿がさらなる上位級を目指し努力することを希望するものである。

平成20年12月10日

ネリカ検定協会
代表　坪井達史

著者がもらった準２級の認定証

ところでも触れた知恵と工夫だ。つまり、ウガンダ全土に散らばる協力隊員を通じたネリカ米の面的広がりを目指したことにも成功の秘密がある。

　ネリカ米の普及には、アフリカ側はもちろん日本国内の理解が必要だと考えた坪井さんは、坪井さんの講義を受けた日本人に、ネリカ１級、２級などと記された認定証を渡している。私の場合はネリカ準２級。

　そこには、「あなたは平素よりネリカに興味と理解を示され、ネリカ普及に貢献されました。よって貴殿をネリカ準２級と認定いたします。当協会としては貴殿がさらなる上位級を目指し努力することを希望するものである」と記されている。これを頂戴すれば、否が応でもネリカ米に関心をもたざるをえなくなる。実験農場の見学に思わず力が入ったのも、坪井さんの見事なアイディアによるところが大きい。

　坪井さんが隊員にネリカ米の栽培技術を教え、今度はその隊員が現地の人びとにネリカ米の栽培技術を広めていく。これまで、とかく専門家と協力隊員の共同作業は容易ではなかった。技術レベルにも大きな差があり、経験も長い専門家とは違い、協力隊はあくまでボランティアとして別のものとして扱われてきた。そこに風穴を開けたのだ。もちろん指導は協力隊員だけではない。すでにわれわれが訪れた段階で、研修へ参加した者は、一九〇〇名にものぼっていた。

ただし、今回の共同作業がうまくいったのは、専門家自身が協力隊OBだったということが大きい。坪井さんも、そのあとを追いかけた後藤さんも、ともに協力隊出身者だ。坪井さんによれば、アフリカのJICA専門家の七割は協力隊OBだという。その昔、誰もアフリカに関心をもたなかった時代に彼らはアフリカに入り、今でも熱意と関心をもち続けている。半端な気持ちではないのだ。

東部灌漑の専門家にも協力隊OBがおり、そのことが坪井さんらのネリカ米プロジェクトとのコミュニケーションを容易にしている。現地の人びとと青春時代をともに過ごし、その後、本格的な技術を身に付け、今度は専門家として途上国に赴任する。すばらしいことではないだろうか。協力隊が日本の援助の財産だという指摘は、そのとおりだといってよい。こうした専門家と隊員の共同作業が、新JICA発足を機会により本格化することを願っている。

ところで、坪井さんによれば、アフリカに米栽培を指導したのは、一九五〇年代に中国、台湾が行ったのを嚆矢《こうし》とするという。第三世界の盟主としての中国ならではのスタートのよさだったが、その後、農業分野では中国の話は聞かない。代わってウガンダを舞台に、日本がアフリカ農業を牽引していくという意気込みがこのプロジェクトには感じられる。是非とも成功させたい。

中国援助の評判

その中国だが、今では道路などの経済インフラや繊維製品をはじめとした製造業での活躍には目覚しいものがある。ウガンダ紀行の最後に、カンパラで訪問したアフリカ開発銀行でのやりとりにも触れておこう。面談した四人のエコノミストとの会話のなかで中国がひとしきり話題となったからだ。中国の援助の目的は資源開発に偏っていると批判的に見る向きも多いが、現地の人びとはどう捉えているのだろう。

中国はたしかに道路もたくさん作ってはいるが、それは政府ではなく中国の企業によるものだという。しかも、外国の援助による資金を使っているとは限らないという。しかし、入札手続きを経ているのだから、なぜそれが問題になるのかとスタッフの一人が怪訝《けげん》な表情を浮かべたのが印象的だった。それに、技術的に大変難しい道路を中国は作ってくれており、ありがたいともいう。もっとも、現地の雇用を創出していないことは事実として認めていた。そういえば、ウガンダの外務省の建物も中国が無償で建設してくれたものだった。

結論から言えば、きわめて現実的な捉え方だった。中国はアフリカ開発銀行に拠出しているし、批判的なこともそう言えないのかもしれない。

ウガンダへの援助では、各援助国が共通のバスケットに援助資金を入れ、ウガンダ政府の開発計画にしたがって効率よく各分野のプロジェクトに割り振るという一般財政支援が、このところ支持を得てきた。現在、援助の約四割がこの一般財政支援によって行われている。各国が二国間で単独のプロジェクトを行うよりも、重複が回避されるため、効率よく資金が配分できるというのだ。

こうした援助手法について、アフリカ開発銀行はどのように考えているのだろう。これまで独自のプロジェクトを行ってきたアフリカ開発銀行も、水道事業など一般財政支援を活用する方向だという。たしかにウガンダ側からすれば、二国間の援助よりも一般財政支援にある予算を、貧困削減戦略ペーパー（PRSP）にもとづいて執行するほうが、書類の数も少なくて済むだろう。

しかし、援助国側からすれば、「顔が見えない」あるいは「見えにくい」というデメリットがある。納税者からの逆風を受ける日本にとり、これはやっかいな問題だ。援助国間の協調という点では無視できないが、かといって、日本の納税者の理解が得られにくいからだ。ウガンダでも日本はまだ一般財政支援に踏み切っていない。

アフリカ開発銀行が見るウガンダ政府の問題点は何なのだろう。面談したエコノミストたち（ウガンダ人だという）によると、これはどこで働くかにもよるとしたうえで、能力（capacity）の欠如が問題だと指摘した。おおいに援助国の力に頼っているが、基本的にはおおむね成功しているという話だ。

他方この国では、政治家や公務員は与えられた職業に対して高い志をもっているとしながらも、汚職が依然として問題とのこと。現地在住が長かった人の話によれば、それでも以前よりは少なくなったという。次に訪ねた隣国ルワンダとは状況がずいぶんと違うようだ。

短時間ではあったが実り多い面談だった。しかし内容は別として、彼ら四人のパリッとしたスーツ姿が印象に残る。見た目に明らかなほど高級感あふれる仕立てのスーツを着ているのだが、そんな身繕いで、果たして貧しい人びとのことを親身に考えられるのだろうか。それこそ目と鼻の先にある現場に足を運んでいるのだろうか、疑問に思った。靴も、ピカピカだった。

国際的な援助機関を訪れるたびに、このような疑問をもつ。今回は、直前に作物資源研究所で現地の人びとと泥まみれの坪井さんらの話を聞いてきたから尚更だった。誤解のないようにしていただきたいが、あるべき支援の内容を机の上で考えることももちろん大切だ。

ウガンダの不死鳥

道路整備や職業訓練学校、協力隊の活動、ネリカ米の普及に全力を尽くす専門家の姿から、ウガンダにおける日本の援助の一端を紹介してきた。それぞれの援助関係者が、必死に努力している姿をどこまで伝えることができたか自信はない。

しかし、改めて理解を深めたのは、援助の目的である。開発途上国に生きる人びとが貧困から逃れ、豊かな生活を送ることができるようにお手伝いをすること。単純に過ぎるかもしれないが、これに尽きると思った。そう考えると、飢餓に苦しむ人びとへの食糧支援や、道路などのインフラ整備に代表されるさまざまな技術協力は、それぞれに重要だが、それだけでは援助の目的を達成するには不十分だ。なぜなら、経済の発展は個別の援助案件だけでは不可能だからだ。

途上国の経済が発展、成長するには、内外の企業による起業や投資が必要となる。つまり援助はこうした内外の投資や民間ビジネスを誘発するような形で行われることが肝心なのだ。言い換えれば、援助が民間ビジネスの環境整備の役割を果たすことが必要なのだ。

経済協力の世界の流行で言えば、官民連携である。もっとも、流行というよりは、貧困削減に向けた道のりの本質を突いているといってよい。しかし、こうした考え方を強調しすぎると、援助は真に貧しい人びとを直接救うことが本来の目的で、民間企業の支援ではないと指摘されそうだ。そのとおりなのだが、両者は必ずしも対立する関係にはない。それどころか、次のようなことも事実だ。

民間企業の投資は途上国の雇用を創出する。企業が利益をあげれば、納税という形で政府の財政に貢献できる。そうして税収が増えれば、政府は福祉関係の予算を増やすことができる。結果的に途上国の貧困削減が促進されるのだ。もちろん、こうした見方が説得力をもつには、途上国政府が弱者救済を念頭に予算を配分し、海外からの援助を有効活用するための統治能力が備わっていることが条件になる。

いささか前置きが長くなったが、言いたかったのは、途上国の問題を考えるうえでは、援助、とりわけＯＤＡだけ考えていては不十分だということだ。経済発展が順調な途上国は民間投資が活発だし、だからこそ二〇〇八年五月のＴＩＣＡＤ Ⅳ（第四回アフリカ開発会議）でも、ＯＤＡに加え、貿易や民間投資の必要性がアフリカ諸国から繰り返し指摘されたのだ。

そうした民間企業の役割が途上国にとっていかに大きいかは、ウガンダに根を下ろす日系企業からも学ぶことができる。ウガンダ政府関係者で知らない者はいないといわれる柏田雄一さんが経営する企業だ。柏田さんは四〇年以上も前の一九六四年にウガンダで繊維工場を立ち上げ、現在でもオーガニックコットンを主力商品とするフェニックス・ロジスティクスを首都カンパラで経営している。

シェア五〇%強を誇ったヤマトシャツ

六四年といえば米ソ冷戦の真っ最中。六三年一〇月には第三次世界大戦の一歩手前まで進んだキューバ危機が起きている。ちょうどその直後、柏田青年はアフリカの将来性を見据えて、企業経営に思いを馳せていたということになる。

柏田さんは、アフリカで活躍する日本人としてたびたびメディアでも取り上げられている。すでに、「アフリカ　2人の日本人社長」（朝日新聞、〇八年一月一五日から一九日の連載）、「アフリカに不死鳥あり」（日本経済新聞、〇八年六月二日から六日の連載）でも詳細に報道されている。しかし重複を恐れず、ここでも、長時間にわたって時間を割いてくださった柏田さんの話に耳を傾けたい。

カンパラ市内にある工場に併設されたオフィス。質素だが整然と片付けられた社長室では、小柄な柏田さんが笑顔でわれわれを迎えてくれた。三〇〇人の従業員を抱えるフェニックス社の社長だ。オーガニックコットンの可能性をエネルギッシュに語るその表情は、とても七七歳とは思えない。だからこそ、ウガンダの政治混乱を生き抜き、ビジネスを続けてこられたのだろう。しかしその経緯は波瀾万丈。一冊の本にでもなろうかと思うほどだ。

柏田さんとウガンダの出会いは、わりと単純だ。大学（大阪外国語大学）を卒業して五八年に入社した会社が、現在では東証一部上場企業のヤマトシャツ（現ヤマトインターナショナル）。大阪で開催された国際見本市に同社が出品した高級混紡シャツを大量に購入したインド人バイヤーが、その販売先をウガンダだと教えてくれたからだ。

柏田さんに言わせれば、当時の社長に先見の明があったという。社長は柏田さんに、ウガンダの状況を視察すべく出張を命じる。それが六〇年のことだ。四日間かけて、ナイロビ経由でウガンダに到着した柏田青年は、サバンナの乾いた風景が緑に変わる首都カンパラの美しさに感激する。英国領だったウガンダは、当時、日本よりも道路や下水の整備が進んでいた。そのことに驚くとともに、英国からの高級輸入シャツにまじってヤマト製の高級シャツが、インド人をはじめとする富裕層を中心に購入されていることに、また驚いたのだった。

ウガンダに裕福なインド人が多い理由は、英国がウガンダはじめ東アフリカの植民地統治をインド人による間接統治によって行っていたからだ。彼らはコーヒーや綿花や農産物の輸出で外貨を稼ぎ、アパレル製品や酒類を購入していたのだ。六二年にウガンダが独立したときには、ヤマトのシャツは一般の人びとにも親しまれるようになり、そのシェアは五〇％を超えていた。

ウガンダに根を下ろしていたヤマトシャツを独立後のウガンダ政府が放っておくわけはなかった。軽工業を興し、雇用を創出したいという独立まもないウガンダ政府の意向を受け、六四年にはヤマトシャツと丸紅が四九％、ウガンダ政府が五一％出資し、「United Garment Industry Ltd.（ユージル）」が設立された。

五年間は法人税免除、綿製品の輸入停止など破格の優遇策で迎えられたが、問題は人材だった。独立後、アフリカの東大といわれたマケレレ大学で研鑽を積んでいた人材が会社に戻り、中間管理職は確保できたものの、縫製工場の職工が決定的に不足していた。そこで従業員募集を行うと、採用予定の一二五人に対して農民多数を含む三〇〇〇人の応募があった。

その三〇〇〇人に対して日本から能力検定のマニュアルを取り寄せ、選考を行った。柏田さんはこの選考過程で途上国の人材を育てるということに愛着を覚えるようになったという。実際に創業してみると、彼らは手先は器用で仕上がりも上手い。注文にこたえるため、二交代制にして工場を稼動させても、作るだけ売れたという。

ユージルの挫折

ところが、こうしたよい話は長くは続かないものだ。六九年には、オボテ大統領の狙撃事件が起こり、七一年にはクーデターにより、陸軍参謀総長だったアミンが大統領に就任する。アミン政権は、ウガンダ経済を握る宗主国だった英国を追放したため、英国は経済制裁を課すことになった。その結果、コーヒー、銅、たばこなどが輸出できなくなり、ウガンダ経済はしだいに悪化し、これが七九年のアミン政権崩壊へとつながる。

七九年四月、柏田さんは陸路、ケニアに脱出するが、英国国営放送（ＢＢＣ）でユージルが略奪にあっていることを聞くや、いてもたってもいられなくなり、単独、カンパラに戻ることを決意する。ケニアの日本大使が止めるのも聞かず、ようやく二時間の滞在を条件に引き受けてくれたチャーター機で現地へ飛んだ。この勇気あるパイロットは白人系の中年女性。どんなときにも女性は強い。

地対空砲が並ぶ空港に決死の覚悟で降り立った柏田さんを、タンザニア軍兵士が取り囲む。身の危険を感じたそのとき、運良く柏田さんを知る兵士が「Are you Mr. Kashiwada!? You are most welcome!」と声をかけてくれた。ここでも、柏田さんの名はヤマトシャツとともに知られていたのだ。手短にユージルの状況が心配で見に来たことを伝えると、軍司令官が四輪駆動車を用意してくれた。

案の定、ＢＢＣが報じたとおり、工場のなかは破壊し尽くされ、高価な機械は盗まれ、綿花などの原料もなくなっていた。しかし驚いたことに、彼の住まいは周辺住民が守ってくれて、略奪を免れていた。外国人の邸宅が政治的混乱の際に攻撃目標になるのは常識だ。しかし、柏田邸は無傷だった。それだけ、柏田さんは地域住民から慕われていたということだろう。

もっとも、アミン政権が倒れたあとのユージル再建は容易ではなかった。略奪され、空っぽになった工場を前に、再開は難しいと判断せざるをえなかった。縫製工場を新たに立ち上げるのと同じ規模の資金が必要だからだ。

他方、戻ってきた従業員がユージル再開を懇請する気持ちは痛いほど理解できた。彼らの職場を再建したい。柏田さんは悩む。しかし、資金繰りから撤退やむなしと決意したそのとき、奇跡が起きた。

帰国挨拶に出向いた柏田さんにウガンダの大蔵大臣が、「三〇〇万ドルを用意したので工場を再開してほしい」と言ってきたのだ。蔵相は、オボテ政権時代に大蔵次官だったころからの知人だった。ウガンダ政府はロンドンの銀行に掛け合い、三〇〇万ドルの融資を取り付けてきた。それほど、ユージルの企業としての存在がウガンダで大きかったということになる。ユージルを倒産させれば、新政権のイメージダウンにもなるとの判断もあったかもしれない。

いずれにせよ、柏田さんは機材や原料を日本から新たに調達し、八〇年一月には工場再開にこぎ着けた。何もかもゼロからのスタートだ。しかし、これまで培ってきた製品への評価は高く、シャツはコンゴ、スーダン、ザイール（現コンゴ民主共和国）でもよく売れ、三〇〇万ドルは二年間で返済することができた。

ようやく柏田さんの苦労は実ったのだが、ここでまた困難に直面する。今度は、さらにやっかいだった。結局はウガンダを離れることを余儀なくされたからだ。それも身の危険を感じながら。

不死鳥アフリカへ飛ぶ

アミン政権崩壊後に復活したオボテ政権が、ユージルを政府との合弁企業であったことを理由に、しだいに私物化しはじめたのだ。このことに、柏田さんは危機感を募らせた。政治献金程度ならまだしも、シャツを各選挙区の政党支部に送るように要請されたこともあったという。

柏田さんは相手の意図を見抜いたうえで、代金を繊維庁長官に請求した。予想どおり、なぜ政府が出資する企業の製品に支払わなければならないのかと、厳重に抗議された。たしかにその当時、五一対四九だった出資比率は、七〇対三〇にまで政府側が増資していた。事実上の国有化だ。柏田さんは、それでもひるまず、「三割は私のシェアだ。株主に対する責任もある。ただで渡すわけにはいかない」と突っぱねた。

しかし、ことはそれでは収まらなかった。繊維庁長官は秘密警察庁長官を兼務していたからだ。ことの経緯を知った友人たちは、脱出しないと命を奪われる可能性があると忠告してくれた。柏田さんは断腸の思いで撤退を決意する。経営をウガンダ人幹部に任せ、カンパラをあとにしたのは八五年のことだ。このあと、屋台骨を失ったユージルの経営は急速に悪化し、九三年にはついに操業停止に追い込まれた。

柏田さんは、帰国後にヤマトインターナショナルの東京支店勤務をはじめとして、日本国内で会社経営に奔走することになるが、その間もウガンダ政府からの協力要請はやむことはなかった。そして二〇〇〇年、六八歳でヤマトインターナショナルを退職した柏田さんは、ふたたびウガンダの地を踏むことになる。新大統領ムセベニからの熱心な働きかけも、柏田さんを三度ウガンダに向かわせる決断を促した。こうして、競売にかけられていたユージルを友人とともに五〇万ドルで落札し、〝不死鳥〟の名をその社名に冠したのだ。それは従業員一二五名と、小さなスタートであった。

二一世紀を迎えたアフリカの地は、七〇年代にユージルが隆盛を誇っていたころとは状況が大きく変わっていた。中国の台頭は著しく、それは資源開発や道路建設にとどまらなかった。繊維業界も低価格の輸入製品であふれ、フェニックス社製のシャツは価格的にはとても太刀打ちできなかった。

ダンピングなど通常のビジネス慣行を無視した一部の中国業者に対して憤りを隠さない柏田さんだが、その対処法は現実的だ。中国製品とは異なる付加価値のついた製品を開発するしかない。そこで、有機農法で綿花を栽培する農家と契約し、原綿に染色した生地を輸出する。環境志向の強い世界の消費者には支持されるという判断だ。

綿花は栽培できても、まだまだ有機農法を採用している国は少ない。ウガンダ政府が繊維産業政策に力を入れることで、二五〇〇万人の雇用を創出できる。紡績から生地、加工、縫製とこれまで培ってきた一貫生産の強みを生かした事業本格化の夢は広がる。

海外技術者研修協会（AOTS）研修の効果

繊維産業の現場を知らない私にさえ、ごみ一つ落ちていない工場で真剣に働くウガンダの人びとの姿は、途上国の企業ということを忘れさせる。

もっとも、柏田さんによれば、ここまでのレベルにするには大変な苦労があったという。時間励行の観念が乏しく、やむなく、欠勤は事前の届け出なしには認めない、始業に間に合わなければ閉門してなかに入れないなど、厳しい規則を導入せざるをえなかった。世界のどこに出しても恥ずかしくない品質にするのが当面の課題だ。手先の器用なウガンダの人びとは一定のレベルの製品を作ることはできる。しかしそれ以上となると、厳しい指導が必要だというのだ。

海外技術者研修協会（ＡＯＴＳ）経由で、六八年に八名、七七年に一名の社員が日本で研修を受けている。ＡＯＴＳの行う技術協力は通常のそれとは異なり、日本企業の製造工程で技術を学ぶ実学トレーニングだ（各省技術協力の一つである、経済産業省所管のＯＤＡだ）。

うれしいことに、日本で研修を受けた社員の一人が、今では副支配人として柏田さんを支えるなど、交流が続いているという。技術だけならウガンダでも学べるが、ワークカルチャーとなると日本で体得するしかないと柏田さんは話す。

ウガンダで繊維工場を立ち上げて四十数年。繊維産業の技術進歩は著しく、生産管理を含め国際的な競争に打ち勝つためには、世界中から有能な人材を集めなければならない。工場内を案内してくれた責任者の何名かは、インド人やスリランカ人だ。聞けば、柏田さんがヘッドハンティングしたとのこと。

紡績、生地、加工、縫製と工場内の機械設備も日本製だけではない。国際的に見てトップクラスのものを設置している。途上国のウガンダにこうした最新設備の機械があり、それを現地の人が十分に活用している現場は、ウガンダのみならず、多くの途上国の人びとを勇気づけるものだ。日本政府も予定よりは遅れたが、〇七年夏、設備増強のために統合前のＪＢＩＣ（国際協力銀行）を通じて二五〇万ドルの融資（公的開発基金［ＯＯＦ、Other Official Flows］による。ＯＤＡ以外の政府資金）を行っている。

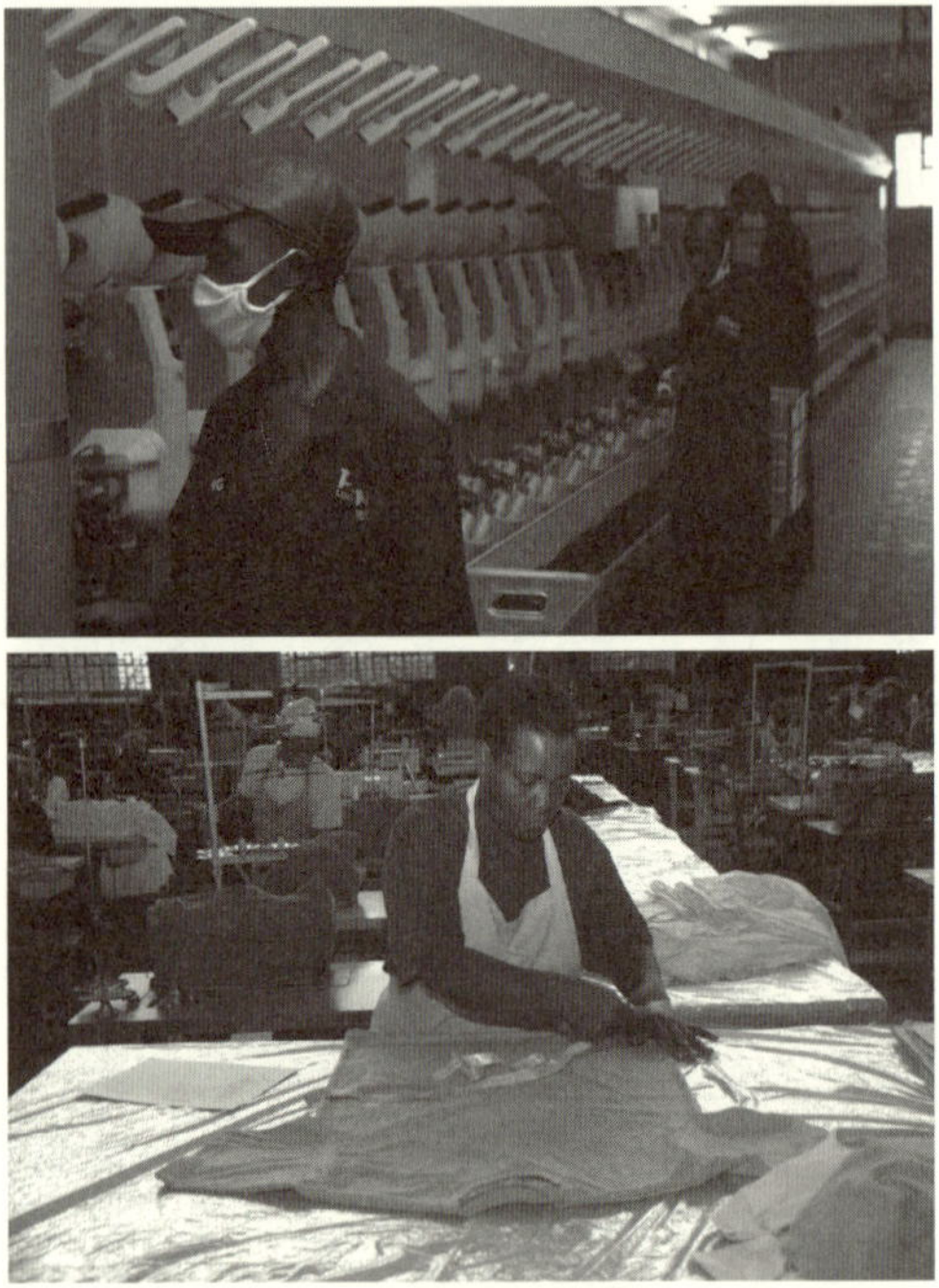

最新の設備を整えた柏田さんの工場で働くウガンダの人びと（上・下とも）

続く企業は……

柏田さんの経験は、援助する側の姿勢が、とかく「上から目線」になりがちな経済協力のあり方に再考を促しているように思える。もとより、ここにいたるまでには、柏田さんの類いまれな個人的な才能や努力によるものが大きく、一般化はあてはまらないかもしれない。しかしこの間、柏田さんに続く日本人企業経営者がほとんどいなかったことも事実だ。

アフリカに対する日本企業の消極的姿勢は、進出企業が、五四ヶ国で三三六社（〇六年度、その大半は南ア、エジプト、ケニアに集中）にとどまることからも明らかだ。饑餓や貧困と、対アフリカＯＤ

Aに注目が集まった八〇年代には、商社を中心に、それでも日本企業の姿は見えた。しかし、無償資金協力の減少とともに、潮が引くように撤退していった。

今では、代わって中国の存在感が増している。現地を〇九年一月に訪れた産経新聞の千野境子論説委員（現在は特別記者）によれば、スーダン一国ですら三万人の中国人がいるという。どうせ資源目あてだろうとばかにしてはいけない。アフリカ全土に、中国は流通を含めて参入している。

他方、在留邦人は、アフリカ全体で見ても、わずか七六五八人で、在留邦人全体の〇・六九％にしかならない（外務省海外在留邦人数調査統計より）。日本の人口が中国の一〇分の一だとしても少なすぎはしないか。大使館の数が少ないことも（一〇年一月にルワンダ大使館が開設されるなどようやく増えつつあるが）問題だが、企業側の積極性の欠如もけっして褒められたものではない。

途上国の人びとの生活の向上、その前提としての経済発展には、民間の力が不可欠だ。その意味では、第二、第三の柏田さんが続かなければならない。もちろん冒頭で述べたように、ＯＤＡが、道路や港湾施設などアフリカへの企業投資を促すような分野に、人道支援と並び力を入れることが何より重要であろう。しかし、それを待っていては遅い。おおいに各企業の自発性に期待したい。

第六章　希望の大地、アフリカを行く　2——ルワンダ

特別な国、ルワンダ

いよいよウガンダの隣国ルワンダだ。アフリカのルワンダについて世界の人びとは、元気のあるアフリカとは正反対のイメージをもっているに違いない。あのおぞましい悲劇から心機一転、新しい国づくりに励むルワンダの人びとを日本人はどうお手伝いしているのだろう。

ほかの途上国とはいささか違った特別な思いで、この国を訪れることになった。映画『ホテル・ルワンダ』（二〇〇六年日本公開）で、この国のあってはならない悲劇を改めて知ってしまったからだ。米ソによる冷戦が終わってわずか五年。一九九四年の夏の出来事だ。

当時、日本でも報道されてはいたが、わずか三ヶ月で、八〇万とも、一〇〇万ともいわれる市民が、民族間対立による虐殺の犠牲となった。それも、核兵器とは究極に位置するローテク兵器の斧やナタで。娯楽的要素を加味した映画とはいえ、ルワンダの人びととの直面した事態の深刻さは、再

現された映像から十分すぎるほど理解できた。

何か重々しく、暗い気持ちのルワンダ行きであった。ウガンダのエンテベ空港を午前九時三〇分に飛び立ったルワンダ航空の機体は、三〇人も乗れば満員になってしまう双発のプロペラ機だ。途中、雲が出て視界はよくなかったが、一〇時半に到着したルワンダの首都キガリの天候は快晴。空気が澄んでいておいしい。それはそうだ。標高一四九二メートルもあるのだ。先ほどまで、私の胸のなかに宿っていた重々しさが、徐々に消えていくのがわかった。

空港の外に出ると、目の前に谷をはさんで、正面に丘が広がる。どこかで見たことがある。そうだ、周囲の光景は、エチオピアのアジスアベバの空港によく似ている。でも、よく見ると、丘には

丘を埋めつくす家、家、家。首都キガリにて

家が密集している。千の丘の国。その丘には数多くの人びとが住む。

四国より一まわり大きい面積（二万六〇〇〇平方キロ）に人口一〇〇〇万弱というから、人口密度はそうとう高い（第五章でレポートしたウガンダは二四万平方キロ弱の面積に、三二〇〇万だ）。フツ族が約九〇％を占め、ツチ族が約一〇％。宗教ではキリスト教が九五％と圧倒的だ。経済は、農林漁業がGDPの四〇％以上を占める農業国で、労働人口の九〇％が農業に従事している。コーヒーとお茶

が特産品で、有力な輸出商品だ。

現地でも実感したが、問題は、ウガンダ、コンゴ民主共和国、ブルンジ、タンザニアに囲まれた内陸国のために輸送コストが高く、それが物価に反映されていることだろう。レストランの食事の高いこと。もっとも、それはルワンダに限らず、アフリカ内陸国の共通の悩みだ。だからこそ、アクセスを改善する道路の整備など、経済インフラの支援にも期待が集まる。

いまだ首都キガリに日本大使館はない（一〇年一月に開設）。在ケニアの大使館の管轄だ。したがってJICAの役割が相対的に大きくなるのだが、ここも本格的な事務所ではない。その一歩手前の支所を率いるのは、JICAのOB村上博さんだ。もちろん、仕事の内容は変わらないし、政変を経て、再建に向かうルワンダの日本への期待は大きい。

空港から滞在先のノボテルホテルまでは三〇分ほど。たしかに丘だらけだ。千々に変わる景色といったら大げさだろうか。緑の茶畑が美しい。それに、舗装が進んだ道路は、ごみ一つ落ちていない。

聞くところによれば、一ヶ月に一度、コミュニティーで清掃の日があるという。シンガポールに似た清潔さだと思った勘はあたった。同じ小国同士、大統領と首相は仲がよいのだそうだ。歴史的にフランスとの関係が強かったルワンダだが、〇九年二月には英語を公用語とし、英連邦にも加盟するという。これには、より複雑な政治的背景があるはずで、おいおい触れていくことにしよう。

ルワンダの現状

昼過ぎの一時半にＪＩＣＡ事務所でブリーフィングを受ける。古い一軒家だが、大使館の趣をたたえる。以下、いくつかルワンダの現状を理解するうえで重要と思われる点を紹介しておこう。

内戦終結以降、順調に国は安定の方向に進んでおり、最大の懸念であるツチ、フツ族の対立も、大統領がイニシアティブをとり解決の方向に向かっているという。「平和の定着」が間違いないのは、一度は停止した日本のＯＤＡが〇五年に再開していることからもわかる。それでも、おおよそ一〇年のブランクだ。

内戦期にはマイナス成長を記録した経済も、近年、全体としては右肩あがりを記録している。〇九年度の経済成長率は八・五％を予想しているが、同時にインフレ率は二〇％を超える。経済成長の原動力は農業分野で、〇九年は一五％近い伸びが予想され、メイズ（トウモロコシの一種）、小麦などに期待がかかっている。他方、製造業は八％どまり。そう、ルワンダはＧＤＰに占める農業の割合が四〇％にもなる農業国なのだ。

世界経済の危機について聞いてみると、影響はあるだろうが、訪れた時点では危機の直接的影響はまだ受けていないとのこと。もっとも、輸出依存度が高い以上、早晩、影響は受けざるをえないという認識をもっているようだ。こうした受け止め方は、ウガンダで会った財務大臣の認識とも共通している。経済の規模が小さく、まだ、グローバル化の影響は先進国ほどには及んでいないからだ。

他方、石油価格の下落は、おおいに朗報だという。なぜなら、日本の一・二倍にも達した価格は、経済の足を大きく引っ張っているからだ。とはいえ、車は少なく人口過密のわりには、閑散としている印象だ。ガソリン高に加え、まだまだ一般の人びとに購入の余力がないからだろうか。

以上見てきたように、内戦の深刻な後遺症を乗り越え、グローバル化社会に組み込まれつつあるルワンダの開発課題は、ほかのアフリカ諸国と同様だ。工業化を念頭に、民間の投資に期待し、経済の離陸を目指している。

しかし、それ以前に解決しなければならない問題は根本的なものだ。とりわけ経済インフラの要となる道路は問題だ。空港から市内に通じる美しい道路はホンの一部でしかない。ただでさえキガリ市内は急坂だらけだが、地方に出れば、これに悪路という二重のハンディを背負うことになる。それればかりではない。公共交通機関はバスだが、その路線が内戦で大打撃を受けた。廃止、休止された路線も多く、本格的な復旧が急がれている。この点は、訪れたバスの修理工場のところで触れよう。

つまり、ルワンダ側の支援ニーズには、インフラ整備を前提とした産業開発に期待がかかっているのだ。もっとも、一人あたりの国民総所得（ＧＮＩ）が二九六ドル（〇七年度）と世界でもっとも貧しい後発開発途上国ゆえ、貧困削減も重要になる。そのすべてにこたえることはできない。選択と集中の観点から、日本は「科学技術教育・訓練プログラム」、「東部県南部地方開発プログラム」、「公共輸送改善プログラム」の三つに力を入れている。いずれも意味があると思う。人材が国づくりに重要なことは明治維新をひも解くまでもない。地方に焦点をあてるのは地方分権論議とも無関係ではないようだが、何より地方の社会インフラの遅れへの手当であろう。以下、この三つについて、少し詳しく見ていこう。

ルワンダ援助、三つの柱

第一の柱「科学技術教育・訓練プログラム」には理数系人材の強化育成が含まれている。途上国はどこでも人材難だが、ルワンダでは、内戦の影響で初等、中等教育の機会を奪われた子供たちが多数存在する。理科、数学を理解する若手人材が不足しているのも、こうした歴史的事実と無関係ではない。

こうした問題点を解決すべく、「トゥンバ高等技術専門学校強化支援プロジェクト」が〇七年から、また「中等理数科教育強化プロジェクト」が〇八年からスタートしている。後者は、私もケニアで訪れたことがある理数科系の教員のための再教育訓練プログラムだ。子供たちに興味をもたせるために、簡単な実験器具などをもちいながら教えるという日本では当たり前の方法だが、教師の説明を一方的に聞くことに慣れてきたアフリカの人びとには新鮮だったようだ。ケニアで見た、何年も経験のある教師たちが嬉々として研修に参加している様子はいまだに忘れられない。このプロジェクトは今ではアフリカ全体に知られるようになっている。

こうして理数系の知識を有し、職業訓練を受けた若者が現場に送り込まれるようになることが、この国の経済発展を支えることになる。建築分野で技術学校に配属されたJ隊員によれば、学生は、貧しいためか、とても熱心な一方で、困ったのは、彼らに算数の基礎が欠けているうえに、まったく設計の概念がなかったことだという。教えるのに四苦八苦したが、卒業時にはいちおう、一般住居の設計ができるようになったという。どの途上国にも共通するが、いかに理数科教育が重要かを教えてくれるエピソードだ。

第二の柱のポイントは「地方開発」だが、なかでもアフリカ全体に共通する課題である、安全な水供給に力点を置いている。人道的な観点からの支援として、有権者の支持を得られやすい協力だ。しかし、五〇％程度の給水率を二〇一〇年度に八〇％まで引き上げるとの目標は、「安全と水はタダ」との認識をもつ日本人にはなかなか想像しにくい。

第三の柱は、「公共輸送改善計画」だ。すでに触れたように、内戦でズタズタにされた公共交通としてのバス路線の復旧や、国営のオナトラコム・バスの修理が主なところだ。

キガリ市内や郊外向けの短距離サービスには民間のバス会社も参入しているが、主要路線はオナトラコムの事実上独占状態にある。それだけに、協力先としては重要だ。同社と日本との関係は一九七八年に無償資金協力でバスが供給されて以来というから、三〇年にもわたる。ルワンダの主たる公共輸送手段はバスが唯一といってよい。それだけに、バスサービスが円滑に機能しなければ、ルワンダの経済も人びとの生活も大打撃を受ける。幹部の話によれば、九四年の大虐殺の時点で三〇〇台あったオナトラコムのバスの多くは、破壊し尽くされ、金目のものはすべて略奪されたという。

バス修理工場の日本人

内戦終結後、ようやく九〇台のバスを含めた機材供与、及び経営管理強化を目的とした技術協力が再開され、今では、自動車整備のシニアボランティア、熊丸茂雄さんが赴任している。バス路線も、大虐殺以前に比べてようやく八〇%まで回復したという。

バスの修理工場は、これが工場かと思われるような緑の植栽に囲まれた本社の裏側にある。堂々とした恰幅の幹部と飄々とした熊丸さんに案内された修理工場は、整理整頓が行き届き、気持ちい い。しかし、よく見ると、そこに並ぶバス本体は、日本でいえばポンコツ寸前だ。塗装は剝げ、なかに入れば、座り心地などは望むべくもない座席が、汚れたガラス窓沿いに並んでいる。絶対、日本では見かけない光景だ。

これはひどいと思って熊丸さんに聞いたところ、悪路のためだとの答えが返ってきた。道は想像を絶するほどに悪く、サスペンションやタイヤが一日で使いものにならなくなるほど消耗するのだそうだ。たしかに、市内ですら急坂が続き、未舗装の道路が路地裏まで続く。車体にとっては大きな負担だ。

バスの話に戻そう。エンジン、シャーシその他の基本部分は堅牢ないすず製のために、この程度の損傷、摩耗で収まっているとのこと。加えて、日本の技術協力の成果でもあろう。オナトラコムの技術者は、翌日の運行にまにあうように十分に修理できるという。

もっとも車種が少なく、修理の内容が単純なことも迅速な対応を可能にしているようだ。気になるスペアパーツだが、ケニアのＧＭの代理店（当時、いすずはＧＭ傘下にあった）から購入しているという。余談だが、ＧＭ本社の経営悪化が、結果としてルワンダにも及ぶのではないかと気になった。

バス料金は距離によって決まる。キガリ市内では一〇〇ルワンダ・フラン（日本円で一五円ほど）で移動可能。〇七年には利益が出たので、約五〇〇ドルするいすずのバスを四台購入している。バスが増えたので、乗客も増えている。しかし、悪路のせいでこれだけ車体が傷むなら、その原因を取り除かなければならない。ここでも道路整備が急がれる。

除隊兵士の社会復帰

バス路線を寸断したのが内戦だということはすでに述べた。内戦が残した傷は深い。たとえば、内戦に参加した兵士たちの処遇も問題だ。彼らが除隊したあと、社会復帰するまでの過程でなすべきことは多い。過去一〇年ほど、日本はこうした平和構築の分野で協力を行ってきた。平和構築というとすぐにイラク、サマワにおける自衛隊の協力ぶりが話題となるが、ＯＤＡでもアフガニスタンをはじめとする各地の協力が思い浮かぶ。

プロジェクトに参加した除隊兵士に会い、話を聞くことができたのは「障害をもつ除隊兵士の社会復帰のための技能訓練プロジェクト」だ。戦乱で障害を背負うことになった元兵士の約六〇％が無職という。政府も積極的に問題の解決に取り組んでおり、訓練センターはルワンダ全土で一〇ヶ所を数える（うち四ヶ所はＮＧＯ）。日本はそのうち四つのセンターで、除隊兵士の技能訓練の実施やセンターのバリアフリー化、講師の派遣などで協力を行ってきた（〇五年一二月から三年間）。訓練分野は縫製、溶接、レンガ積み、コンピューター、有機農法、大工、電気など一五分野にわたる。このプロジェクトを支援するのは日本だけではない。ドイツ、ベルギー、世界銀行が支援している。平和構築が世界各国から関心をもたれている証拠だ。

興味深いのは、その対立が内戦の最大の原因だったツチ族とフツ族が、同じ部屋で机を並べて学んでいることだ。このプロジェクトに専門家として参加した鷺谷大輔さんによれば、訓練中のけんかや争いはないが、タブー視されているだけで、表面上の話かもしれないという。それにしても、時間はかかるにせよ、共同作業を通じて和解が促進されることは間違いないだろう。人びとがもっているＩＤにはすでに出身部族名は書かれていないという。当然のことだ。このプロジェクトは健常者と障害者が研修を同時に行っている点でもユニークだ。

卒業の際には、各自が自立できるように、小規模の店を構えることのできるスターター・キット（一五〇ドルから二〇〇ドル）が渡される。大工コース、レンガ積みコースでは、ハンマー、メジャー、のこぎり、コテ、ノミなどが、裁縫コースでは、個人だとミシンのほかにはさみ、メジャーが、協同組合だとジグザグミシン、鉄製アイロンが配布される。いたれり尽くせりと思えるほどの支援だ。

除隊兵士の現在

訓練センターを修了した卒業生が作った協同組合と店舗を見る。

一つ目はオーダーメイドの洋服の仕立屋さんだ。市内の坂を登り切ったところに、その小さな仕立屋はあった。日本円で一〇〇〇円ほどの値段の布地を客が自分で購入してもち込み、一〇〇〇円の手数料をとって仕立てる。壁にはオーダーメイド用の、スーツやワンピースのデザインを描いたポスターが貼られている。一三人が詰める作業所は、常時三名が午前八時半から夕方の五時まで、土日を除いて店を開けているという。コの字型に机を配置し、それぞれがミシンを踏んでいる。

女性にまじって男性もいる。一四歳から一二年間軍隊に在籍し、九七年に除隊した三四歳の元兵士の話が聞けた。

彼は訓練センターで縫製の技術を身につけ、ここで働けるようになった。生活はもちろん以前よりよくなり、しだいに客も増え、結構忙しいという。このような仕立屋が成り立つということは、中間所得者が生まれつつあるのかなとも思った。

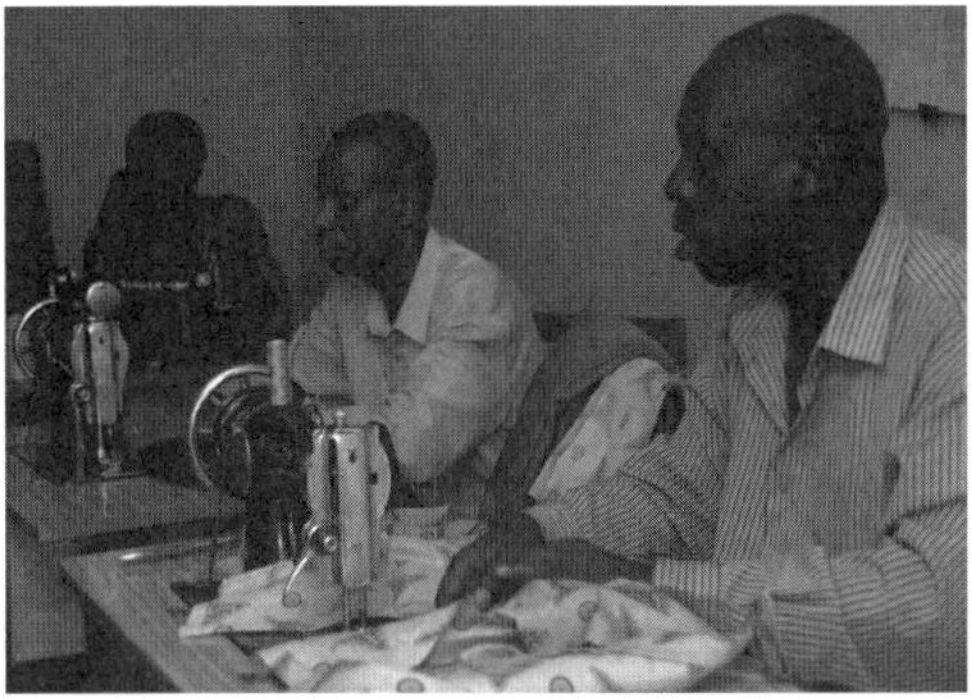

ルワンダ、除隊兵士の店で働く元兵士たち

二つ目の作業所は、電子・電気店だ。携帯電話の修理を主に扱う店だが、あまりに小さく、気がつかずに通り過ぎてしまうほどだ。二畳ほどの狭いスペースに、四人が二交代で店を開けている。

一人は一〇年間、軍隊にいた三二歳の除隊兵士。彼の場合は軍隊でエンジニアだったこともあり、基礎的技術はあるようだ。もう一人の軍隊経験九年の青年はセンターで一から学んだという。いろいろなケースがあるようだ。

訪れたときは、携帯電話の修理の真っ最中で、多忙だという。一ヶ月で家賃などを引くと四〇ドル程度稼げるというから、ルワンダの現在の状況からすれば、まあまあの水準のようだ。

鷺谷さんによれば、差別を受けてきた障害をもつ元兵士が、技術を身につけることによって誇りを取り戻し、社会復帰が容易になるという。ルワンダでは、そこにツチ、フツの抗争による後遺症が横たわる。国際協力の奥行きの深さと難しさを改めて感じる。

ストリートチルドレンのための保護施設

キガリ市内だというのに、すごいでこぼこ道だ。しかも、千の丘と言われるだけのことはあって結構な斜度だ。しっかりつかまっていないと、座席からもち上がったおしりがどこかに飛んでいきそうだ。澄み切った青空に、土煙が舞う。ようやく坂をくだり、たどり着いたそこには、笑顔の子供たちと隊員（青年海外協力隊）のKさんが待っていてくれた。子供たちの笑顔は万国共通。思わず癒される。Kさんの隊員活動の現場だ。

この保護施設はルワンダの宗主国だったベルギーのNGOが作った、ストリートチルドレン用のシェルター（FIDESCO RWANDA）だ。入所可能なのは一八歳までの男子。途上国では、ルワンダのような複雑な政治的混乱を経ていなくとも、学校にも通わず、生活の糧を求めてさまよい歩くストリートチルドレンの姿は珍しくない。

学費は、貧しい家庭にとってばかにならない。公立小学校は無償だが、教科書代や制服代がかかるし公立中学でも年額一万円以上はする。一家族（約一〇人の場合）一日一七〇円で生活できることを考えれば、けっして少額ではない。明日の食費に困る親にとり、学校に子供を通わせたいと思っても学費を捻出できないのだ。

田舎を離れ、路上生活を余儀なくされている子供たちは、荷物運びをしたり、炭を売って日銭を稼ぐ。われわれが訪れたときには九歳の子供もいた。

ルワンダのストリートチルドレンのための保護施設にて

このシェルターでは、ルワンダ社会の一員として彼らが社会復帰できるように支援している。食事や宿泊施設、教育費や学用品、医療費の提供に加え、親がいる場合には、戻れるように調整をしたり、里親や受け入れ先の学校探しも行う。読み書きや簡単な計算もできない子供たちへの指導も行う。学校がはじまればシェルターから学校に、一六歳以上の子供は職業訓練校に通う。路上生活を余儀なくされてきた子供たちにしてみれば、ここは天国だ。

全国で、この種のシェルターはキガリに八ヶ所、うち一つは女子専用、二つは男女共用で、残りは、ここと同様に男子専用だという。

こうしたストリートチルドレン用のシェルターは、日本人にはピンと来ないかもしれない。しかし、日本でも終戦直後には、駅のガード下などで、大人の浮浪者にまじって垢だらけの戦災孤児たちが、モク拾い（捨てられた吸いかけのタバコを拾うこと）などでお金を稼ぐ姿が見られたものだ。日本のストリートチルドレンは、朝鮮戦争特需で経済が急速に回復すると見かけなくなったが、その間、占領軍関係者がシェルター的な施設を作り、子供たちの面倒を見たことが知られている。その意味では、日本も経験してきたことなのだ。

それにしても、キガリで女子用のシェルターが少ないのは不思議だ。聞けば、女子の場合、お手伝いさんなどの働き口があるためにストリートチルドレンにならずにすむケースがあるという。しかし、一昨年（二〇〇八年）、おおいに話題をよんだ映画『闇の子供たち』に登場する少女売春や、養子縁組に名を借りた人身売買の犠牲にはなっていないのだろうか。一抹の不安がよぎる。

われわれ一行を取り囲む子供たちは活発で、好奇心に満ちている。ＤＶＤビデオカメラに興味を示した、目がきらきらと輝く俊敏そうな男の子が、笑い声をあげながらファインダーを覗いている。しかし、よく観察すると、栄養不良のためかどうも発育不全のように見える。一四歳だというが、にわかには信じがたい。どう考えても一〇歳ぐらいにしか見えない。

また、彼らのなかには、親が大虐殺で殺されたりしている子も少なくない。私が話しかけた男の子がそうだった。家族で一人生き残った彼は、叔父叔母、祖母に育てられたが、貧しさに耐えかねてシェルターにやってきたという。いとも簡単にジェノサイド（大虐殺）という言葉を口にする彼。トラウマはないのだろうか。

子供たちに信頼される日本人

親の離婚、重婚後（地方には一夫多妻制が残っているらしい。以前タンザニアでもそうした話を聞いた）、保護者がいなくなった子供、ＨＩＶ感染の子供たちなど、みな路上に集まってくる。

明らかに年長の黄色のＴシャツ君は、残飯をあさったり、金目のものを拾ったりしているうちにおなかをくだし、シェルターに来たのだそうだ。ただ、元気になったので、出ていけといわれているという。心なしか表情は暗い。Ｋさんは、こうした杓子定規なシェルターの方針に異を唱える。収容可能人数に比べて需要が多すぎるとはいえ、たしかに、あまりに線の引き方が官僚的だ。

路上をさまよう子供たちのなかには、寒さやひもじさをまぎらわすために、シンナーやマリファナに手を出す者も少なくない。薬物依存に陥る者も多いという。これだけでも十分に悲惨だが、彼らのなかには、危険と隣あわせの路上生活をしているうちに、周りを威嚇したり、精いっぱい強がる態度を身につける者もいるという。

シェルターは、そうした子供たちに、「そのような痛々しいふるまいは必要ないと悟らせる」ことが重要だと考えている。スタッフとの温かい人間関係が、安心感を育むことになるのだそうだ。

こうした説明は、私にとって新鮮だ。食事や教育の機会を路上生活の子供たちに与えることが、活動の大半だとばかり思っていたからだ。たしかに、心のケアこそ重要なのかもしれない。路上生活は彼らを精神的に追い詰め、他人に対して攻撃的になりやすくしてしまうからだ。

実は施設内でも、子供たちのけんかは絶えないのだそうだ。年長の子供がけんかする子供を叱ることで、集団の秩序はかろうじて維持されているとのこと。Kさんをはじめとするスタッフにとって、悩みの種は尽きない。

プレハブに毛が生えたといったら失礼だろうか、そうとう老朽化した施設の裏にまわると、子供たちが井戸を囲んで洗濯をしていた。一週間に一度、石けんとたらいを渡して洗濯させるという。何気ない日常の生活を通して、社会化への道を歩ませようというのだ。路上生活では考えられなかった集団生活のひとコマだ。

子供たちのやりとりに割って入り、巧みにその場を取り仕切るKさん。その様子からは、彼女が子供たちから信頼されていることがよくわかる。援助の現場を歩いて感じることは、活動する日本女性の頼もしさだ。Kさんも間違いなくその一人だ。

配属されてしばらく経って彼女が思ったのは、たんに援助するだけではこの状況を改善することはできないということだそうだ。たしかに援助は必要だ。しかし、そのもとの原因をなくすには、ストリートチルドレンのケアだけでは不十分。必要なのは、子供だけでなく、親も含め、自助努力での状況を変えることではないか。

そこで彼女が取り組んだのが、廃材としての牛の角を使った手工芸品の製作だった。子供たちの親を集め、職業訓練として手工芸を教えるのだ。親に現金収入があれば、子供たちを養うこともできるからだ。残念ながら、時間の関係で製作現場を視察することはできなかったが、親の手によってできあがった「腕輪」をはじめとする手工芸品は、アクセサリーとして先進国の市場でも十分に販売できるレベルに思えた（二〇一〇年二月のキガリ再訪で、協力隊を卒業後も、ストリートチルドレンの職業訓練に私費を投じて尽力するKさんの工房に立ち寄った。工房というには、あまりに手狭な六畳ほどのスペースで、六名ほどが交代で製作している）。

そのKさん。〇八年五月二八日から横浜で開かれたTICADⅣ（第四回アフリカ開発会議）にあわせて帰国した際に会った福田康夫首相（当時）に、ストリートチルドレンの親たちが作った腕輪を購入してもらったという。限られた面会時間のなかで、説明もそこそこに総理に腕輪をアピール。いやはや、すさまじいばかりの行動力だ。援助の現場では、こうした積極性が何より大切だ。

Kさん自身、この施設の活動をどう評価しているのだろう。Kさんによると、子供たちが実家に戻り、学校に通う子供たちが増えていることを考えれば八五点はあげられるという。この評価のなかには、子供たちの親が自立のために手工芸品の製作をはじめたことも含まれる。

もっとも、実家に戻った子供たちが定期的に学校に通うようになったのかどうかについて、フォローアップ調査がきわめて重要となるだろう。名残り惜しいが、次のアポイントがある。手を振る子供たちに見送られながら、シェルターをあとにした。

援助国としての英国の動向

今回のルワンダ行きの目的の一つは、この国への最大の援助国、英国の動向を知ることだった。英国の援助額は、〇一年の三七〇〇万ドル（実績）が〇五年には八二〇〇万ドルにまで膨らみ、米国、オランダをおさえ一位である。他方、国際機関も、第二世界銀行（ＩＤＡ）が〇五年で一億一四〇〇万ドルの実績を誇る。

援助大国日本はといえば、〇五年で二八五万ドルと英国の四％弱。量的には形なしだ。そもそも、日本企業はゼロだし、在留邦人の数は三二名（〇六年度）にとどまる。ルワンダに、あまり関心がないように見える。

援助の世界を作るのは、援助国と被援助国である途上国の関係だけではない。援助する側にも協調や競争があり、ときには対立もある。だからこそ、最大の援助国である英国の方針は重要だ。

英国援助庁のルワンダ事務所を訪ねる。わかったのは、ルワンダに対する分析が前に紹介したＪＩＣＡのそれとほぼ同じで、その意味では意外性はないことだ。ただし、従来、あまり熱心ではなかったといわれるインフラの整備について、英国がその必要性を認めた点が興味深く、また、ほっとする。支援は、人道的な観点からだけではなく、民間投資を呼び込んで経済発展を促進する方向に向けられるべきで、それには、道路や橋梁といった経済インフラが必要だというのである。そういえば、現在のカガメ大統領は、アフリカのインフラ委員会の共同議長を務めている。

重要なのは、ルワンダのような内陸国では、一国単位でインフラを整備しても効果は不十分なものにとどまるということだ。国境を越えた地域としてのインフラ整備が急務であろう。前も触れたように、大虐殺という負の遺産のために、都市部はもちろん、地方の道路は輪をかけて状況がひどい。

ルワンダでは、各国の援助原資を最大限に活用しようという目的から一般財政支援への要望が強い。ルワンダ政府が一般会計に入った援助資金をインフラ整備に集中投下すれば、経済活動の展望にも日差しが増すことになろう。一般財政支援に熱心な国、英国の指導力が期待される。

もっともルワンダでは、一日一ドル未満で生活する人の割合は六〇・三％（九〇年から〇五年）、五歳未満児の死亡率が一〇〇〇人中二〇三人（〇五年）、初等教育就学率七四％（〇四年）と、きわめて厳しい数字が並ぶことを考えれば、安全な水の供給など、人間として最低限の生活を確保するための社会インフラ整備にも同時に力を入れなければならない。

それにしても、援助国としての英国の台頭の背景にあるものは何なのだろう。〇六年、外交関係の断絶にまで進んだフランスとの関係と重ね合わせると興味深い。ルワンダ政府は、大虐殺を実行したフツ族強硬派を支援し、虐殺発生後の捜査にも消極的だったとして、以来フランス政府を非難し続けてきた。〇六年には、今度はフランスが、カガメ大統領の側近に九〇年の大統領暗殺容疑で逮捕状を発行した。もはや泥仕合だ。

フランスがルワンダを見限り、英国が隙間を縫うように台頭してきたのは、英語が公用語に加わったことや、英連邦にルワンダが加盟を要望していることからもうかがえる。アフリカにおける旧植民宗主国として、英国とフランスはライバル同士だ。ルワンダ政府は英国に接近することでフランスを間接的に牽制できる。他方、英国は、ルワンダを英連邦に迎え入れることでアフリカへの影響力拡大を実現できる（〇九年一一月英連邦加盟決定）。こうした双方の政治的思惑が、英国のルワンダへの援助増大に見て取れる。人道的と思われる国際協力も、国際政治のパワーゲームと無縁ではない（もっとも、この話には後日談がある。二〇一〇年二月にルワンダはフランスと外交関係を再開し、二五日にはサルコジ大統領がキガリを訪問した。カガメ大統領のしたたかな外交姿勢がうかがえる）。

脱走少年兵のリハビリ施設

ランチを終えてＪＩＣＡ事務所に戻ったところ、専門家の牧野修さんとすれ違った。牧野さんは、ケニアはじめアフリカの学生がロボットコンテストに出場した様子を、ホームページを開きながら見せてくれた。まだまだレベル的には高いとはいえないが、みな熱心だという。ルワンダにも、ロボコンを通じて工学教育の重要性を伝えたいと牧野さんの夢は広がる。

ストリートチルドレンの現場から、一っ飛びに最先端の技術の話になり、頭が混乱する。しかし、よく考えてみれば、今しがた出会ったストリートチルドレンのなかにも、理系分野に関心をもつ子供たちもいるはずだ。日本の援助の間口の広さを実感する。

郵 便 は が き

料金受取人払郵便

渋谷支店承認

5006

差出有効期間
平成23年3月
31日まで

〔切手不要〕

150-8790

037

（受取人）

東京都 渋谷区 宇田川町 41－1

日本放送出版協会

営業管理部 愛読者アンケート係行

ご購読ありがとうございました。ご記入の上ご投函下さい。ご記入いただいたアンケート内容につきましては、今後の出版企画の参考にさせていただくとともに、個人情報につきましては、ご希望の方へ図書目録をお送りする際に利用させていただきます。なお、お寄せいただいた内容を、当社のホームページ及び宣伝物等に掲載させていただく場合がございますが、個人情報は記載いたしません。ご協力のほどよろしくおねがいいたします。

・お名前　　　　　　　　　　・年齢　　　歳　　・性別（男・女）

・ご住所（〒　　－　　　）　・電話番号　（　　）

（都・道・府・県）

・ご職業

1 会社員・公務員・団体職員など　2 教職（幼・小・中・高・高専・専門・短大・大）　3 自営（製造・商工・サービス）　4 農林水産　5 専門職（　　　）　6 学生（中・高・高専・専門・短大・大・大院）　7 主婦　8 パート　9 無職　10 その他

・ご購読新聞名　　　　　　　・ご購読雑誌名

NHKブックス 愛読者カード

・この本の書名 （　　　　　　　　　　　　　　　　　　　）

・本書の発行を何でお知りになりましたか

1 書店で　2 新聞広告（　　　　　）　3 雑誌広告（　　　　　）
4 新聞の書評・記事（　　　　　）　5 雑誌の書評・記事（　　　　　）
6「これから出る本」　7 人にすすめられて
8 当社出版物の巻末自社広告・新刊案内　9 当社ホームページで
10 その他（　　　　　　　　）

・ご購入の動機をおきかせください

1 書名に興味を持ったから　2 関心のあるテーマだから
3 著者が好きだから　4 その他（　　　　　　　　）

・今までにNHKブックスをお読みになったことはありますか
また、その中で印象に残った本があれば書名をお教えください

1 ある（　　　　冊程度）　2 ない（今回初めて読んだ）
（　　　　　　　　　　　　　　　　　　　　）

・本書についてご意見 、ご感想をおきかせください

・今後どのような本をお読みになりたいですか(テーマ、著者など)

・最近お読みになった新書・選書があれば書名をお教えください

（書名:　　　　　　　　　　　　　　　　　　　）

・ご希望の方には当社図書目録をお送りします

1 送付を希望する　2 送付を希望しない

ご協力ありがとうございました。

このあと、隣国のコンゴ民主共和国にほど近い山のなかにある、脱走少年兵のリハビリ施設に向かう。とても率直で気さくなＪＩＣＡの木村初枝調整員と一緒だ。彼女は、西サモアやアフガニスタン事務所での勤務の経験をもつ。

アフガニスタンでは識字教育のプロジェクトを担当したが、女子の識字教育は、とても困難がともなうようだ。そもそもタリバンは、女性に文字の読み書きなどいらないという考えだ。いまだにそれが人びとの間に浸透しているため、それが理不尽なことだと知りつつも、タリバンの標的にされてしまうことを恐れ、親が女子児童に教育を受けさせないというのだ。

プロジェクトの初期段階では、それでも一定の成果をあげ、鉛筆のもち方すらわからなかった彼女らがなんとか書けるようになったりしたという。しかし、状況の悪化は著しく、悲劇も起きている。一四歳で結婚して子供を産み、ゆとりのできたある女性が、文字を覚えたいと外に出たところを射殺されてしまったというのだ。

一年近く前から、タリバンの攻勢に阻まれ、現場に行けない状態が続いており、ＪＩＣＡの職員は外出もできず、買い物もローカルのスタッフに頼むという。そうした困難にもかかわらず、アフガニスタンには、専門家を含めて五〇名以上のＪＩＣＡ関係者ががんばっているという。いつになったら、平時の援助に移行することができるのだろう。

そんなことを考えながら車に揺られていると、やがて目の前に湖畔のキャンプ場のような光景が広がった。林の先に、平屋建てのプレハブ長屋が点在している。ライフルをもった警備の警官の姿

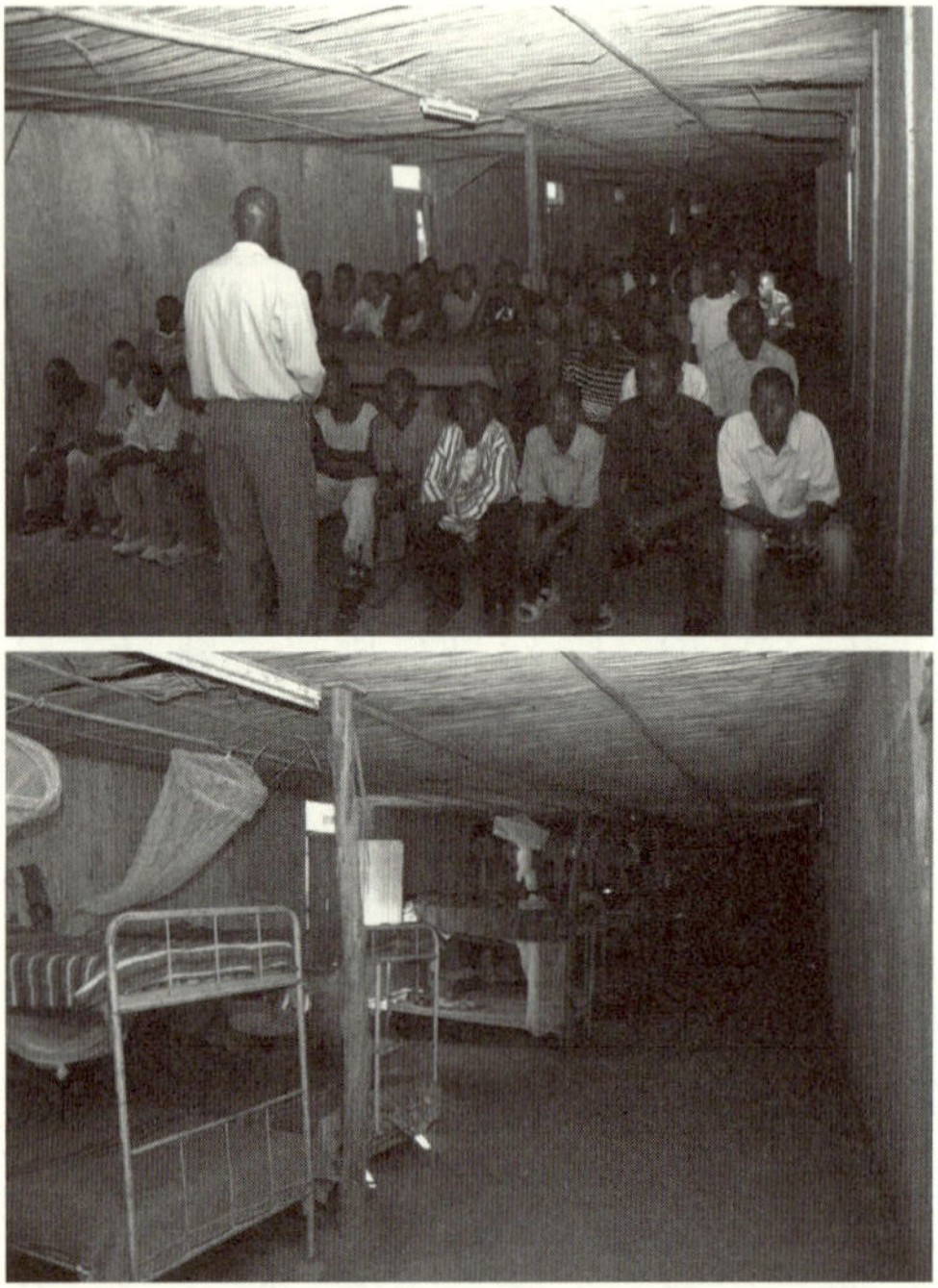

元少年兵たちに語りかけるリハビリキャンプのセンター長（上）とその宿舎（下）

が見える。思わず緊張する。しばらく待つと、長身のセンター長さんが現れた。いよいよ元少年兵のリハビリキャンプだ。

紛争時や紛争直後における具体的な支援はなかなかイメージがつかみにくい。この元少年兵の社会復帰プログラムは、前に紹介した元兵士の職業訓練と並び、平和構築関連の援助の好例だ。世界銀行が支援している。

現在の入居者数は五四名。〇四年のセンター設立以来の累計数は六六一名。その多くは親元に戻ったという。少年兵になった理由は、連れ去られたものも含めさまざまだが、はっきりしていることは、満足な教育も受けずに銃をもたされ、人を殺してきたということだ。元少年兵の多くは、ブッシュや森のなかを転々とし、現実の社会生活になじみがない。

このセンターでは元少年兵たちに、心理的なカウンセリングを含めた医療面のプログラムと、家族を含めて地域社会に戻ったときに不自由なく生活を送るためのプログラム、読み書きの手ほどき、余暇活動などを、三ヶ月ほどの滞在期間中に用意している。石けん、靴、ベッドシーツ、タオルなど一式が、親元に戻る際に手渡される。彼らを見守るのは、教師、社会活動の専門家、看護師、コックなどわずか一〇名のスタッフだ。

では、離ればなれになった親を探すのは、どうするのだろう。それには、入所の際の徹底したヒアリングが活用される。そのヒアリングの一部を見せてもらったが、記憶している住所や、軍事組織にリクルートされた状況などが詳細に書き込まれている。こうした情報をもとに、各方面にあたり、親を探す。見つかれば、状況報告を親と地域のリーダーに行ったうえで、前述のキット一式をもたせて帰省させるのだという。

しかし、この目的を達成するには三ヶ月では不十分だろう。実際に、それ以上の期間、滞在している少年もいるとのことだ。帰るところがないのだ。

ついで案内されたのは、元少年兵たちの寝室だ。土間にパイプベッドが並んでいるだけで、お世辞にも立派とはいえないが、整理整頓はなされている。

そこで迎えてくれた子供たちの声。ゲストを迎えるときのホスピタリティーを素直に受けよう。披露してくれたローカルダンスは抜群だ。リズム感がよいのだ。思わず手拍子で音楽の輪に加わる。もっとも、一見屈託なく見える彼らの表情だが、表面的なものなのかもしれない。彼らをこうした境遇に導いたものは何か。改めて考えさせられる現場だ。

ルワンダにいっそうの協力を

わずか三日間のルワンダ訪問だったが、これまで訪ねたどのＯＤＡ案件にも増して印象深かった。それは、国の成り立ちが、これまでの開発途上国とはいささか性格を異にするからだ。大虐殺といえばカンボジアも同様だが、冷戦期の話だ。

ルワンダでは、冷戦が終わって五年後の一九九四年。わずか三ヶ月の間に八〇万人以上の人びとが、ツチ族であることや、彼らに同情的なフツ族という理由だけで、打ち下ろされる斧やナタなどの犠牲になったのだ。国連はじめ国際社会がもう少し早く惨状を深刻に受け止めていたならば、犠牲者は少なくすんだに違いない。キガリを発つ日、今でも発掘された遺骨の埋葬が続くジェノサイドメモリアルで、犠牲になった人たちの顔写真がそう語りかけているように思えてならなかった。

ツチ族とフツ族の融和を目指すカガメ現政権の努力は、幸い順調に進んでいるようだ。何よりのことだが、ならば、自助努力という前提をつけたうえで、日本も元気の出はじめたルワンダに一層の協力ができないものか。

著しく遅れる道路整備などが一例だ。もちろん、税金を使うＯＤＡだからこそ、費用対効果は考えるべきであろう。しかし、人間の安全保障、平和構築をかかげた日本のＯＤＡ大綱を思い出すまでもなく、こうした特殊な事情を抱えた国への手厚い支援こそが、日本の国柄を示す絶好の機会になることを忘れてはならない。

第七章　活気づく中央アジア——ウズベキスタン、タジキスタン

二〇〇近く存在する世界の国ぐにのなかで、ウズベキスタンもタジキスタンも若い国だ。冷戦が終わり、ソ連圏から独立したのが一九九一年。この二つの国に、カザフスタン、キルギス、トルクメニスタンを加えた五ヶ国が中央アジアだ。

国の新しさに比べ、よく知られているように歴史は古い。交易ルートであるシルクロードが国をまたぐ。日本の正倉院の宝物も仏教も、その多くはこの道を通して伝えられた。

七〇年に及ぶソ連支配時代に根を下ろした社会主義経済が、市場主義経済への転換の最大のネックとなっている。日本をはじめとする国ぐにの援助も、こうした点の改革に焦点をあてている。

他方、この地は豊富な地下資源でも知られている。カザフスタンの石油、トルクメニスタンの天然ガスなど世界中の国ぐにの関心を集めている。一九九三年度に開始された日本の経済協力は、どうなっているのだろう。

ウズベキスタンへ

二〇〇六年九月一二日、韓国仁川《インチョン》国際空港を午後五時半発のアシアナ航空でウズベキスタンの首都タシケントへ。時差は四時間。到着したのは夜の九時半（日本時間の午前一時半）だ。

頭がボーッとしている。入国手続きは複雑。二枚の税関申告書にドル、円の手持ち額を書く。こうした面倒臭さは六九年に訪れたポーランドとまったく同じ。職員の表情も一様に堅い。四〇年前の記憶がよみがえる。

ようやく空港を出て周囲を見渡すと、迎えの人だろうか、大勢の人だかりができている。ライトに照らされた空港の周辺は、掃除など行き届かず、あまり清潔とはいえない。二〇年近く前に、バングラデシュのダッカの空港に降り立ったときのことを思い出した。

翌朝六時過ぎに起きて、ホテルの窓から見た街並みは、空港周辺とはうって変わって整然としている。通りは明るく広く、並木がきれいだ。ただ、どこの途上国にもあふれている日本車が見えない。代わりに、韓国車が走る。いや、それどころか、全体として車が少ない。テレビで見る平壌の風景にどことなく似ている。それに、年間降雨量がわずか二〇〇ミリしかないためか、ほこりっぽい感じがする。夏は四〇度、冬は零下と寒暖の差が激しいと聞いた。

面積は日本の一・二倍の約四五万平方キロ、人口は日本の五分の一強の約二八〇〇万だ。ウズベク人が八〇％、ロシア人五・五％、タジク人五％などとなっている。ソ連支配時代の名残で多くの国民がロシア語を解する。当地の日本人から聞いた次のような話は、やや退屈かもしれないが、ウズベキスタンを理解するには不可欠な情報だ。私の感想などもまじえながら紹介しよう。

ウズベキスタンの抱える問題

第一に政府も国民も総じて親日的だ。欧州圏に属してはいるが、アジアとの中間点に位置するためか、われわれに親近感をもち、それどころかアジアの国という意識があるという。したがってアジアの雄、日本の経験に学べという気持ちが強い。

もちろん、日本に対する親近感はＯＤＡの実績と無関係ではないようだ。訪れた時点で、過去三年ほど、無償、有償を含め、毎年一〇億円前後の援助が行われている。加えて、円借款も実績を積み上げている。地下資源も念頭にあるのだろう。日本の援助先としてウズベキスタンが重点国であることがうかがえる。

第二に、ウズベキスタン政府の最大の関心は治安、安全保障にあるという。政治的混乱が続く中東と大国のロシアが至近の距離にあるうえに、アフガニスタンとは隣あわせだ。最近では、大統領の退陣にまで発展したキルギスの混乱とイランの不安定さも目立つ。国内も例外ではない。現大統領のカリモフにとってアンディジャン事件は悩みの種だ。

アンディジャン事件とは、私が訪れる一〇ヶ月前の〇五年五月、東部アンディジャンで発生した反政府暴動のことだ。独裁と批判されるカリモフ大統領に対する反政府グループの蜂起だが、政府側が武力で鎮圧した際に多数の死者が出たと伝えられ、欧米諸国からは人権弾圧と批判されている。

ウズベキスタン政府側の発表ですら、衝突の結果、一六九名の犠牲者が出たという。政府はイスラム過激派の取り締まりだと説明しているが、西側は懐疑的だ。事件について日本は、真相解明を進めるべきとの立場をとり、対話路線と関与政策（engagement policy）を採用している。

ウズベキスタンは自主独立を標榜する一方、ロシアに接近しているようにも見える。しかし、安全保障面は別にして、経済面でのロシア依存はできるだけ避けたいというのが本音のようだ。モノカルチャーを押しつけ、収奪したソ連へのトラウマがあるのだろう。エネルギー分野で投資したいとのロシアの申し入れをウズベキスタン政府は拒否した。中国にも警戒を怠らない。エネルギー分野への中国の参入希望も断ったらしい。

ウズベキスタンに暮らす朝鮮系の人びと

第三にこのウズベキスタンには、少なく見積もっても約三〇万人の朝鮮系の人びとが住むことだ。えっと思うが、これは日本との歴史抜きには語れない。太平洋戦争時代、ソ連の独裁者スターリンは、朝鮮半島との国境沿いのソ連領内に住む朝鮮民族が親日派に転じることを恐れ、現在のウズベキスタン地域に強制移住させたのだ。二世、三世が多数ウズベキスタン各地には散らばっている。それもあって韓国語を学ぶウズベク人は一万人を超えている。彼らがビジネスをはじめ、ウズベキスタンのさまざまな分野で活躍中だ。このことは、ウズベキスタンへの民間投資や日本のＯＤＡを考えるうえでも重要だ。

そのウズベキスタン。経済改革は農業、中小企業、金融、民営化などの分野で進んでいるが、のんびりとした改革だ。そのせいもあるのだろう。同じ旧ソ連圏でも巨額な石油収入のあるカザフスタンとの差は広がっている。一人あたりGNIがカザフスタンの六九〇〇ドルに対して、ウズベキスタンは八四〇ドルしかない（〇五年）。八分の一とだいぶ引き離されている。

日本はどのような方針でODAを行おうとしているのか。

ウズベキスタン政府が、農業経済改革、経済構造改革、保健医療改革、教育改革、司法改革、環境といった分野を重視している点をふまえ、経済・産業振興のための人材育成、及び制度構築への支援（金融・銀行システム改善、貿易、中小企業振興、司法〔民商法〕改革、観光促進）、社会セクター（職業教育、農業技術、保健医療改革）、経済インフラの更新・整備を重点としている（私が訪問したあと、国別援助計画が策定された）。

しかし、ODAは順調であるとしても、貿易、投資、観光分野がふるわない。とりわけ、貿易や投資が停滞気味だ。汚職、透明性の確保、通関、税制が問題となっている。いずれも制度が未整備で、リスクを冒しても貿易や投資を行う環境にないという。

タシケントへ

いよいよタシケント市内だ。

まず、満州でソ連軍の捕虜になり、シベリアに抑留され、強制労働に従事し、故国の地を踏むことなく亡くなった日本人兵士の墓地に赴いた。

　市内のイスラム墓地の一角にそれはあった。こぎれいに整頓された墓石が穏やかな光と木立に囲まれて並ぶ。墓石には氏名と出身県が記されている。戦争の犠牲者というと、ついアジア諸国の人びとや原爆投下で亡くなった方がたを思い浮かべるが、タシケントに眠る彼らもまた、たしかに戦争の犠牲者だ。

抑留日本兵が作った国立ナボイ劇場（上）とタシケント市内のバザールを視察する著者一行（下）

　ソ連全体では六五万人が抑留され、その一割が亡くなった。ウズベキスタンでは八一三名が亡くなり、タシケントのこの墓地には七八名が眠る。この墓地、帰国後に調べてみると、麻生内閣の中山恭子拉致問題担当補佐官（当時）が、ウズベキスタンとタジキスタンの特命全権大使だった九九年ごろ、墓地のあまりの殺風景さに驚き、改修を指示したという。今では日本から贈ったウズベキスタン桜が春に見事に咲き誇り、亡くなった英霊を慰めてくれている。

抑留当時、工兵部門の技術者が中心の日本の部隊は、今でも健在な国立ナボイ劇場の建設を命じられた。車窓から見る劇場は見るからに堅牢そうな建物だ。地震でも崩壊しなかったことから、日本の技術に対する高い評価の理由になったといわれる。

その後、もっとも大きいバザールに行く。東南アジアだと、市場は喧噪の一言だが、ここは案外静かで、何より広く、人が少ない。驚いたのは、野菜や果物の品揃えの豊富さだ。トマトが大きく甘い。あと乾燥フルーツ、チーズ、ソーセージも並んでいる。おや、豚肉もある。やたら闇ドル買いがやってくる。聞けば、一五%程度しか利益は出ないとのこと。リスクは大きく、リターンは少ない。

社会主義の後遺症

韓国レストランでのランチ。協力隊員をはじめＪＩＣＡ関係者に集まってもらう。名古屋大学の法整備の先生も来ていて合流。いつも誉めてばかりの協力隊だ。今回は少々、辛口のコメントも紹介しよう。

航空会社を休職し、調整員として働くＬさん。隊員が現地機関とコンタクトを直接とるには負担が大きすぎるので、協力隊員と現地の受け入れ先の調整を行う役割を担うのが調整員だ。途上国によって違うが、多いところでは一人の調整員が一〇名以上の隊員を抱えることもある。日本のＯＤ

Aプログラムのなかで飛び抜けて評判のよい協力隊だが、調整員の支えがあってこそだ。

隊員の大半は二〇代。日本での社会人経験もけっして長くはない。自分探しの旅かと思うような隊員もいる。コミュニケーションをとれずに悩む隊員も、もちろんいる。調整員はそのような隊員の相談相手でもある。なかには、派遣先とうまくいかず、私の青春を返せとのたまった隊員もいたそうだ。その隊員については、本人の資質の問題だとLさんはばっさり。

ウズベキスタンの協力隊員の場合、配属される地域によっては、隣国タジキスタンのタジク語地域になる場合がある。ウズベク語で挨拶したら、ひんしゅくを買ったなどという笑えない話を聞いた。

途上国で働く日本人にとり、歯科治療は大問題だ。ウズベキスタンも例外ではない。歯科の水準は低く、すぐ歯医者が抜歯しようとするので、具合が悪くなった隊員を何度か国外に出さざるをえなかったとも聞く。すぐ手術をしたがるロシアの医療が根づいたままなのだ。

某銀行出身のシニアボランティア（協力隊よりもシニアの人を対象とする）のMさんにも会った。大学で、実務を含めて金融論を教えているとのこと。ニーズはきわめて高く、希望者も多いが、英語ができる学生が前提なので、受講者は絞り込まれるという。途中でついて来られなくなり、やめる学生はもちろんいる。他方、能力の低いウズベキスタンの先生の教育こそが必要だという声も学生にはあるという。同業者として身につまされる思いだ。

ランチのあと、日本人材開発センター、通称日本センターを訪ねる。日本人専門家による技術協力のための機関だ。社会主義から資本主義へ。ビジネスといっても大きく異なる。旧ソ連圏のウズベキスタンをはじめ体制移行期にある国ぐにへのビジネス実務の協力は、日本語教育、相互理解促進のプログラムと相まって意義がある。プロジェクトは二段階に分かれ、第一段階は二〇〇〇年にスタートし、〇五年に終了。第二段階は一〇年の終了をめどに進行中だ。

ＪＩＣＡ事務所が入るオフィスビルに日本センターも入っている。雰囲気もサロンといった感じのしゃれた作りだ。うれしいことに多くの利用者を間近に見た。月平均で三〇〇〇名から四〇〇〇名の来訪者があるという。

ＪＩＣＡのＯＢであるセンター長によると、カザフスタンにもキルギスにもセンターはあるが、ここは、英語で教えるビジネスコース（貿易、経済、経営）がある本格的なものだという。その他、日本語コース、ＩＴコースからなる。ＩＴではすでに八〇名ほどの卒業生がおり、商売がスムースに進むようになっているという。

それにしても、商品に値札をつけたり、商品の説明を書いたり、日本や先進国では当たり前のことが、受講者に新鮮に受け止められているという指摘が興味深い。社会主義経済にどっぷりつかっていたために、客にサービスするという意識に乏しいのだ。このコースには、聾唖《ろうあ》の人びと専用のコースもあり好評だという。なるほど、知恵と工夫だ。

鉄道車両の補修、整備

その後、タシケント市近郊の鉄道客車車両工場へ移動する。冷戦終結後の九六年実施の円借款プロジェクトだ。供与額約六一億円。これまで円借款を含め、数多くの案件を見てきたが、鉄道の車両の補修、整備というのははじめてだ。

工場長の案内で、工場見学。だだっ広い建物のなかでは、古い客車を改造して旅客用の豪華な作りにしたり、食堂車を作ったりと、普段なかなか見られない光景が展開している。

タシケント近郊にある鉄道客車車両工場の内部（上・下とも）

なぜ、こうした案件に円借款が使われているのだろう。道路も含めた経済インフラは、ソ連時代の生産分業体制のもと、輸送手段として整備されてきた。聞けば、鉄道に対する需要は、バス路線の発達によって以前ほどではないにせよ引き続き高いが、車両の老朽化が進む一方、外貨不足で新車両の購入もままならないのだそうだ。

ところが、完成時評価では、修理実績が目標に達成していないなど厳しい指摘があり、われわれが訪れた時点で、どの程度改善が見られるかというのが一つのポイントとなっていた。

結論を急げば、幸いにして状況は改善していた。周辺国からの修理依頼も増加し、実績は順調に伸びているという。〇八年の事後モニタリング調査報告書にヒアリング結果とともに、改善状況を記すデータが載っている。需要増にこたえ、モスクワへの直行便が週一・五便から三便に増え、乗車率も八〇%とまずまずの状況だ。

看護教育をどう改善するか

この日、最後に看護教育改善プロジェクトを訪れた。小ぎれいなキャンパス内の建物には、学校だとわかる独特の雰囲気があった。こちらの国でカレッジとよばれる、小学校三年間、中学校六年間のあとに進む医療専門の高等学校だ。義務教育化されたので授業料はなし。小学校が短いので専門学校一年生は日本では高校一年だ。

ここで教える看護教育のカリキュラムを改定するというのが、〇四年七月以来五年間にわたる技術協力プロジェクトの目的だ。これに付随して、老朽化した教育用機材の更新を全国五三の医療専門校などで行う（無償資金協力で二億九二〇〇万円）。具体的には、新しい看護教育カリキュラムの開発、看護教育に携わる看護教員の養成、臨床モデル病院における看護管理の導入などを通じ、患者さん中心の看護を確立することを目指しているのだそうだ。

関係者の話はなかなかに率直で、厳しい。私が訪れた〇六年という条件つきでそれを紹介することは、日本の国際協力が、第三者が考えるほど容易ではないという現実を理解する意味で、有益だろう。もちろん、専門家をはじめとしてこのプロジェクトに携わった方がたのご苦労は理解できるし、個々の活動の批判でないことは当然だ。

まず、看護医療の分野ではロシアの教育が浸透しており、それとの衝突をどう調整するかが問題だ。旧ソ連時代から看護は疾患を中心に考えてきたために、看護医療の分野にサービスという概念がないのだそうだ。

次に、言葉の問題だ。ウズベキスタン側の看護学校には英語を不自由なく使えるスタッフが十分にいない。一方の日本側には、ロシア語はもちろん、ウズベク語に精通するスタッフが限られている。このコミュニケーション・ギャップが大きな問題になっているという。

最後に、看護師の位置づけだ。たとえば日本では、看護記録をしっかりとつけ、それを、入院患者の治療に役立たせるなど積極的な役割を看護師は担っている。しかしウズベキスタンでは、看護師の仕事は医師の補助的な役割に限定されている。つまり、医師の指示で注射をしたり、手術の手伝いをしたりすることが主なもの。したがって、ウズベキスタンでは患者に対する直接的なケア、床ずれを直したりなどは看護助手の仕事になる。そのため結局、看護師は何を行ったらよいのか、はっきりしなくなるのだという。もっとも、この点は、案件とは無関係だ。途上国における看護師の役割は、ラオスの章でも触れたように曖昧だ。

そもそも、この案件は出発時から難産だった。案件開始時期に、日本側でもっとも重要なプロジェクトリーダーが突然辞めたのだ。司令塔を欠いたまま案件がスタートすることになった。さらに、ウズベキスタン側でこの協力を積極的に進めてきた人物が職を離れたりと、想定外のことが重なった。問題が明確な形で浮かびあがった背景には、そうした事情が関係している。とはいえ、問題はやはり根本的なものだ。

ウズベキスタン側の問題点

現地での話を総合すると、問題の原因の第一はウズベキスタン側のオーナーシップの欠如だ。人材が不足しており、案件遂行にぎりぎりの状況だという。試験的に導入した看護教育センターの位置づけも不明で、グランドデザインもない。それに、プロジェクトデザイン（案件の目的とそれを達成するための方法）が不明確だ。対象が中卒だとすれば、どれほど講義の内容が理解できるというのだろうか。しかも、日本であれば一校一〇〇名だが、ここでは生徒数は五〇〇名だ。

第二に、この国独特の事情がある。綿の収穫期には、学童は綿摘み作業に動員され、学校に一ヶ月ほど来なくなるのだ。それでカリキュラムをどうやって組み立てるのか。これではプロジェクトが想定する実習、演習は難しい。加えて日本からの専門家派遣も、本務との関係で夏休みなどに限られる。そのうえ言葉の問題もあり、成果が十分にあがるか疑わしいと散々な状況なのだ。

第三に、無償資金協力で提供された機材のスペアパーツの問題だ。心電図がペーパー切れを起こし、皮下注射実習用の人形がぼろぼろのうえ、注射位置を決める器具の電池も切れていて、青と赤のランプがつかない。現地で調達できるはずだが、対応が滞っている。

この問題はＯＤＡの現場で、これまでいやになるほど聞かされてきた古くて新しい問題だ。おそらく当初の計画では、足りなくなったスペアパーツはウズベキスタン側で購入するという約束になっていたに違いない。ところが、途上国側に共通する財政事情の厳しさから、自前でスペアパーツを購入できなかったのだ。何から何まで面倒をみるべきではないという日本のＯＤＡの理念からすれば、日本側に責任はない。しかし、事情がよくわからない第三者には、日本は無責任ではないかとの疑問を抱かせてしまう。読者は、日本はスペアパーツを長期にわたり用意すべきと考えるだろうか。それとも、一定期間後は途上国の自助努力に任せるべきと考えるであろうか。

私の率直な感想

プロジェクト開始前の調査がどこまで徹底して行われたのかが疑問だ。ウズベキスタンにとり、いかに早く旧ソ連のシステムから脱却するかが課題であることは間違いない。日本センターもその役割を担ってきた。その意味では、看護教育改善プロジェクトの意図はよく理解できる。ウズベキスタンも医療看護の分野で、国際標準を身につけるべきというのだろう。

ウズベキスタン政府自体も一九九八年の保健制度改革に関する大統領令で、医療従事者のトレーニングを一項目としてあげている。しかし、よく考えてみれば、ソ連式の医療と看護が個々の医者や看護師に根づいているはずだ。目的達成のためには、そうとう、工夫が必要だったと思われる。両親がともに医師という通訳のウズベキスタン人女性によれば、両親はなぜソ連式の教育で悪いのかと、西側システムの導入に懐疑的だという。事前に把握できたと思われるこうした情報が、どの程度、案件形成に反映されたのか、おおいに疑問だ。仮にプロジェクトの目的がもっともだとしても、なぜ、指摘したようなハンディを背負ったまま、それを日本が行わなければならないのだろう。

案件の非効率性も問題だ。日本、ウズベキスタン共通の課題は、プロジェクトを進める際の言語だ。ウズベキスタンでは英語よりもロシア語。他方、日本ではロシア語よりも英語だ。もちろん、高いハードルを越える努力が必要だ。組織としてのモラルを向上させるという意味でも、それは正しい。しかし、ODA予算が今後大幅に伸びる可能性が少ないなかで、納税者が十分に納得できる案件かどうか、おおいに疑問が残った。

もっとも、プロジェクトリーダーはじめ関係者のその後の努力の成果であろう。〇七年の中間評価報告書には、私が訪れた時点で関係者から指摘された問題点はまったく記載されていない。問題は解決を見たとみるべきなのだろうか。

政権とビジネスの不透明な関係

その日の夜、日本商社の方がたに中華レストランで会う。商社もODA関係以外はあまりビジネスにならず、医療関係では中国製の安価な製品が出まわっていて、価格、品質でも商売になりにくいという。モスクワ赴任の経験があり、この地域全体を知る人は、投資環境はよくないという。親日的とはいえ、やはり、法が未整備で、汚職が当たり前といった事情が背景にあるようだ。

翌日、ある現地人からなるほどと思う話を聞いた。政府の有力者の娘が、アメリカ系ウズベキスタン人と結婚し、世界的に有名な清涼飲料水メーカーとの合弁会社をはじめたが、離婚によってその会社は撤退したというのだ。その清涼飲料水メーカーがウズベキスタンに戻ってきたのは、ごく最近のことだ。企業が成功すると、すぐに政府高官の一族がその企業を買収してしまうという。どこの途上国でも、似た話を聞く。話半分としても政権とビジネスの関係は不透明だ。

政府のトップにこうした噂が流れるくらいだから、末端の公務員の汚職は日常茶飯事だ。取り締まるはずの警察官になるにもお金が必要という。途上国の統治能力支援が指摘されて久しいが、こうした話は気が滅入る。背景には、公務員の給料がきわめて安く、アルバイトをしないと食べていけない途上国共通の問題がある。生活が苦しいので、一般の人びとの出稼ぎも盛んだ。鉄道で五三時間もかかるロシアのモスクワをはじめ、韓国にも行くという。若者の失業も深刻だ。

タジキスタンへ

雑踏とは無縁の整然としたタシケントの町並みは、悪く言えば活気に乏しい。人びとの表情も同様だ。自転車もバイクもほとんど見ない。通訳の女性は四輪車を買ったほうが安いからだという。

車の関税は一〇〇％。それでも、ロシアのボルガなどにまじって、韓国との合弁会社である大宇《だいう》が作った小型車をよく見かける。

いよいよ、国境を越えてタジキスタンへ向かう。青空が突き抜けるように広がるなか車は進む。この世のものとも思われない荒涼たる土漠《どばく》が一面に広がる。遠くに山肌が広がるが、それも土気色だ。ただただ、自然の作った風景に感動する。

オアシス近辺で休憩後、サマルカンド空港に立ち寄る。九六年、九九年と二度にわたる円借款供与での滑走路修復、空港ビル整備の成果を見る。

滑走路修復の技術はソ連時代に培われたのだろう。現地企業でも問題のない技術力だという。管制塔の機材はイタリア製。円借款の場合、資金の出所は日本でも、機材の調達は全世界に開かれている。その一例だ。

最大の問題は、乗降客の少なさだという。それもソ連から独立して急減したという。それでも最近ようやく回復基調が見えつつある。しかし、その理由は、政権がモスクワ寄りになったからだという。笑えない話だ。国際線は週八便で、出稼ぎも含むビジネス客が大半だ。モスクワ、サンクトペテルブルク、カザフスタンが主な行き先だが、みんな旧ソ連だ。国内線の週七便はすべてタシケント行き。搭乗率は九〇％以上だ。

観光に力を入れる

協力隊の看護隊員二人をまじえてランチをとる。こぼれ話を取材する。やはりお手伝いや勉強に来たのだろうと受け止めたり、逆に、教えてあげるという態度を示す受け入れ側の雰囲気にショックを隠せないようだ。それでも、Nさんの場合、カウンターパートが日本に行ったことがあるので、多少はわかってもらえている。しかし、パソコンはいつ来るのかとうるさいそうだ（これは、来ないことになっている）。日本では当たり前の看護記録の記載は、Oさんの場合、救急救命センターへの配属なのでまったく出番がない。結局は、患者さんとのおしゃべりに時間を費やしているだけと、残念そうだ。

このあと、車で国立の観光カレッジに向かう。

カレッジ入り口での熱烈歓迎ぶりに驚く。生徒が花でできたレイを首にかけてくれた。ここではJTB出身の協力隊員が観光とは何かを教えている。政府はこのようなカレッジを、サマルカンドを含め全国に四ヶ所作ったという。観光にいかに力を入れているかがよくわかる。

日本語、英語、フランス語の語学の授業に加え、レストランやバーなども整備され、マナーを含めた実習が受けられるようになっている。観光業の人材育成だ。最近では、海外の観光客に加えて国内の観光客や修学旅行も増えはじめているという。実際、学生が組んだ廉価なサマルカンドへのパック旅行も販売されている。年間五万人の観光客を迎えるサマルカンドの宿泊施設は、国際ホテルを含め増えつつあるという。

夕焼けが映える世界遺産のブハラ歴史地区を歩きながら考えたのだが、ウズベキスタン政府はさらに観光に力を入れるべきだ。これを利用しない手はない。しかし、アクセスはよくないし、観光地としては、ホテルをはじめとする周辺のソフトを含めた整備がまだまだ不十分だ。見学料も高すぎる。施設それぞれで入場料をとられる。レギスタン広場で二三〇〇円。チャシュマ・アイユブ廟は三三〇円という具合だ。五〇〇円も出せば豪華なディナーが食べられる現地の物価からすると、びっくりするほどのお値段だ。

サマルカンドの道路改修計画の現場にて、現地の道路公団の事務所長より説明を受ける著者（手前）

タジキスタンの抱える問題

朝七時半にチェックアウトして、一路タジキスタンの首都ドゥシャンベに向かう。

その前に、無償資金協力によるサマルカンド道路改修計画の現場に寄る。約一〇億円の事業だ。現地の道路公団のサマルカンド事務所長ほかが同道。ここでも大歓迎だ。

工事自体はアスファルトを引き剝がし、新たにアスファルトを敷くという単純なものだが、工事を効率よく進めるために機材も供与している。ドイツ製のもの、日本製のもの（SAKAI、酒井重工業製）といろいろある。

道路の総延長はウズベキスタン全体で一八万キロあるが、道路公団が管理しているのは四〜五万キロ。そのうちの三割ぐらいが、改修の必要があるとのこと。ソ連時代に、くまなく張りめぐらされた道路は、今となれば貴重な遺産だ。

工事現場をいくつかまわり、いよいよ砂漠を越え、タジキスタンの首都ドシャンベへと向かう。車中、いささか退屈になった。前日、感動した景色だが、慣れというものはおそろしい。シャッターポイントだと思って車をとめると、それほど勇壮な景色でもなかったりする。

途中、ぐったりと倒れた血だらけの牛にハゲタカが群れていたのには、びっくりした。青空に土漠の荒涼とした風景が広がり、そこにハゲタカの一群。日本ではとうてい見られない光景だ。緑は皆無に等しいが、ところどころに水が湧き、小川が流れる。綿花栽培用の灌漑施設が縦横無尽に張りめぐらされ、綿花が白い花をつけている。綿花を栽培するように強制的にソ連から命じられたことがよくわかる。一面、綿、綿、綿だ。

国境に午後二時半ごろ到着。それほど問題なく通過し、ようやく四時ごろに首都に入った。タジキスタンは、日本の面積の四割くらいの広さの国土に、人口は七〇〇万に満たない小国だ。一人あたりGDPは五七八ドルと最貧国。経済成長率は七・八%、失業率は一七・六%（いずれの数字も〇七年）だ。

ドゥシャンベの町は緑が多く、とりわけ、並木の高さに驚く。車も人の行き来も多い。トヨタもベンツも走っていて、同じ旧ソ連圏のウズベキスタンとはずいぶんと違った印象だ。ウズベキスタンは外貨を節約するために車の輸入関税が一〇〇%と聞いた。走っているのは旧ソ連車と韓国車がほとんどだったが、こちらはどうなっているのだろう。

タジキスタンは、独立の翌年の一九九二年から五年にわたって、旧共産党勢力とイスラム勢力を含む反対派との対立から内戦となった。筑波大学助教授だった秋野豊さんが犠牲となったのは、この内戦終結直後の九八年のことだ。秋野さんは、国連の要請にもとづき政務官としてタジキスタンの国連監視団に派遣されていた。勉強会などで何度もご一緒した仲だったので、人ごととは思えない。大使館が〇二年にようやく開設され、ODAもはじまった。

内戦直後の人道支援の時期を経て、ようやく貧困からの脱却と開発を目指す段階に来たようだ。政府としては農業、とりわけ綿花以外の作物を開拓したいと考えている。ソ連時代には、モノカルチャー制度のもと、事実上綿花の栽培しか許されなかったからだ。三割ぐらいを綿花以外にあて、各地で展開する。それを、輸送路の整備によって広げていこうと夢は広がる。

他方、個人所得が伸びず、人びとに不満がたまっていることを政府は懸念している。意外なことに、内戦の影響で、近年、ロシア語を話せる人が減少しはじめていることも深刻な悩みらしい。ロシアの影響は文化社会面ではあまり受けたくないものの、経済の実利からすればロシア頼みは避けがたいからだ。

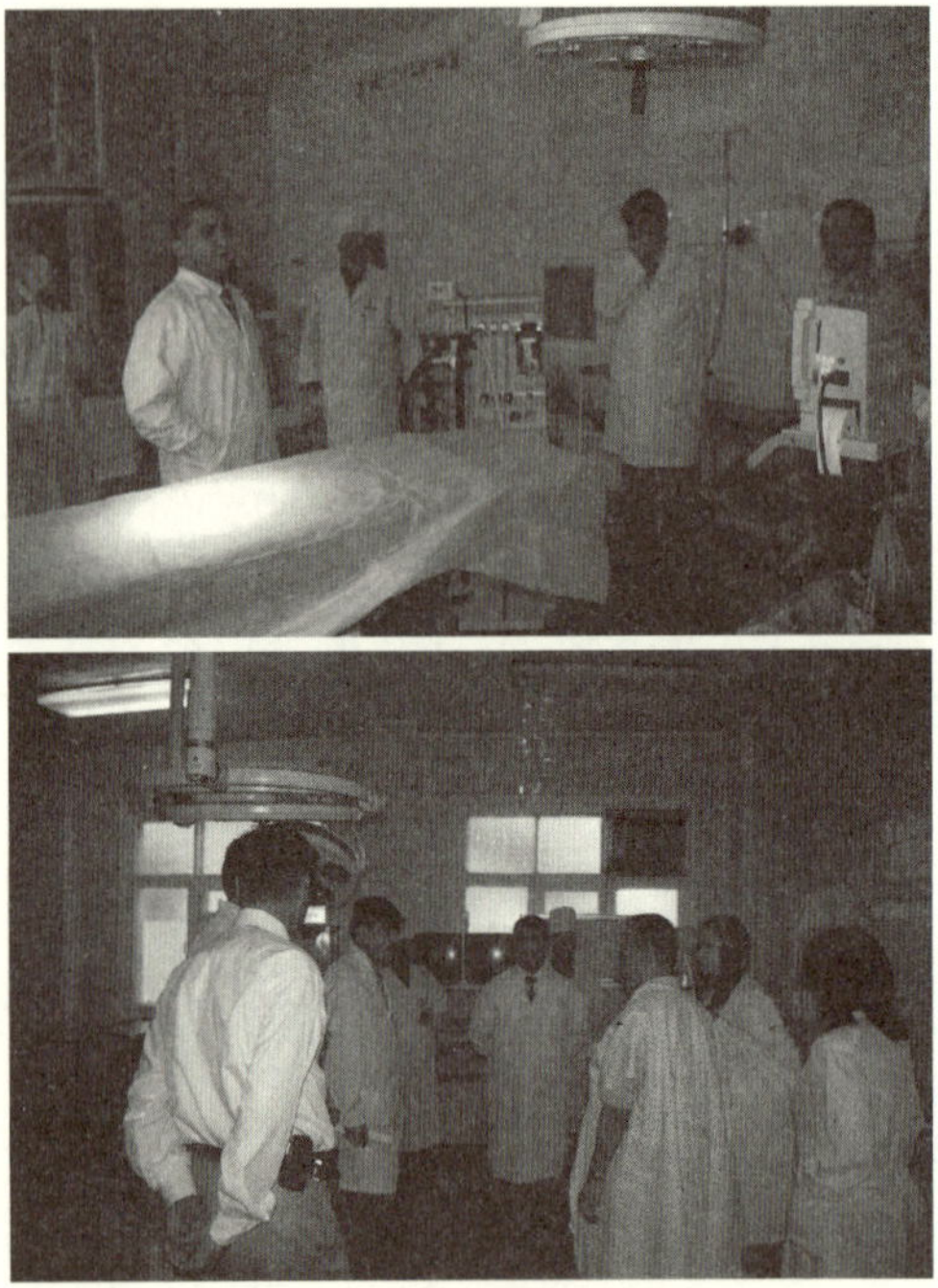

ディアコフ国立病院を視察する著者一行（上・下とも。下の写真、奥の窓の右上にエアコンが取り付けられている。）

途上国の医療事情

大使館に寄ったあと、ディアコフ国立病院で無償機材案件を見る。

この案件はタジキスタンに対する初の無償資金協力だそうだ。六月に引渡しが終わったばかり。副院長、内医長が迎えてくれる。花束などを頂戴し、大歓迎を受ける。

日本からは、咽頭の内視鏡や胃カメラ、レントゲン、ＣＴなど、全部で五億円ほどが贈与された。私の通う中クラスの地方病院よりはるかに設備が整っている。新しい機器でも、きちんと有効に使われているのなら、それもよいだろう。三年、四年たって、スペアパーツがないなどの理由で、放置されたままということのないように祈るばかりだ。

日本の提供した機材が、果たして貧困層の医療に使われているのかが、気になった。説明によれば、病院は総合病院で、紹介がないと受診できないそうだ。胃カメラは一日一〇回程度、ＣＴは三回程度まで無料だと説明を受ける。

しかしこの病院に入院するには、手術の際の御礼だとかが結構かかるので貧しい人はほとんど受診できないと聞いて、「うーん」と思わず、唸ってしまう。この最新設備の病院に来ることのできない貧困層のために、五億円の一部の資金を使って、地方のクリニックに型落ちの診療機器をスペアパーツとともに贈与するなどの措置とセットにすればよいのにと思う。NGOを通じて、中古品を供与したってよい。

ようは、途上国の医療事情を全体として改善すべきということ。富裕層よりは貧困層を助けることが前面に出なければならない。日本の無償案件を振り返ると病院の比重が高い。もちろん、高度な医療分野も必要だろう。だからといって最先端の医療機器を欲する途上国の医師のニーズと、納入したい日本のメーカーや商社の思惑が先行してはいけない。事実とは異なるかもしれないが、そうした陰口を叩かれないためにも、十分なチェック体制を整えることが大切だ。

少々驚いたのは、案内された手術室に窓づけのエアコンがあったことだ（前のページの写真・下を参照）。これでは外気も虫も入ってくるではないか。床などの清掃はきちんと行われているが、徹底的な衛生管理が求められる日本の手術室とはだいぶ違う。そのことを帰国後ＪＩＣＡに指摘したところ、世界保健機関（ＷＨＯ）の基準には合致しているとのことだった。常に日本を基準に考えすぎてはいけない一例だと思った。

統治能力の向上を

その後、いわゆるキャパシティ・ビルディング（行政の効率性を高めるために何ができるかを考えるプロジェクト）についての専門家からの説明をＪＩＣＡのオフィスで聞いた。道路や港湾施設の建設、病院への協力などとはずいぶんタイプの異なる援助だ。

この一〇年ほど援助の世界では、途上国の統治能力をレベルアップしなければ、いくら各国や国際機関が援助したとしても、効果は十分にはあがらないと考えるようになった。そこで、行政をはじめとした政府の仕組みを改善するためのさまざまな提案がなされている。法整備と並んでＯＤＡの分野では新しい援助だが、重要な支援分野だ。

専門家の方がたは、タジキスタン政府の開発を効果的に進めるには、行政組織をどのように改めるべきかについての提言作りを急いでいた。現在の政策決定システムを変え、大統領の諮問委員会を作り、そこに民間セクターも入れて開発戦略の優先順位を決めるなど、さまざまなアイディアが並ぶ。

問題は、日本だけでなく、世界銀行もほかの援助国も同様の提案をしており、競合状態にあるということだ。日本でも繰り返し行政改革、規制改革の提案はなされてきたが、採用され、実施されたものは少ない。参加することに意義を見つけるのならばともかく、比較優位が高いとはいえない分野で日本が税金を使ってまで援助するには慎重であるべきではないか。話を聞きながらそう思った。

最大の援助国は、米国

今回の旅行の最終日だ。朝八時少し前に援助調整庁に行く。大統領府に属している援助調整庁で局長と会見。短時間なので、この地域における中国の役割に的を絞って話を聞く。すでに、中国と旧ソ連圏の中央アジア各国との組織、上海協力機構の外相会議がドゥシャンベで開かれるなど、中国の存在の大きさが印象的だったからだ。

まず、主要援助国はどこかと聞いたら、案の定、中国の名前が出てくる。逆にロシアの名前は、こちらが聞くまで出ない。ロシアは民間投資がほとんどとのこと。中国は六三〇〇万ドルの借款を供与して、送電線や発電所を含めたエネルギー全体の支援を行っている。据え置き期間五年、二〇年で金利二%という条件だから、日本の円借款（貸付け国により異なるが据え置き期間一〇年、三〇年返済、金利〇・七%が一つの基準）に比べてタジキスタンにとってそれほど有利ではない。

対外債務を膨らませる可能性もあるリスクの高い取引ではないのか。答えは、各種マクロ経済指標を含めて総合的に判断したとのことだった。同時に、ウズベキスタンから購入している電力をやめたいとも。つまり、ウズベキスタン依存を弱めるためにも、エネルギーの自給を急ぎたいのだ。ウズベキスタンとの微妙な政治的関係を示す説明だ。イランは、同じイスラム圏として理解しやすく、経済インフラで支援してくれているという。

エネルギーと並んでタジキスタンにとっての課題は、農業の再建だ。ソ連時代のコルホーズ、ソフホーズ（国営の集団農場）を解体したものの、市場経済にうまく移行しきれていないのだそうだ。

その旧ソ連、ロシアとの関係については、冷静な観察だった。七〇年も一つの国としてやってきたのだから、経済協力も含めて存在は大きいが、過大評価してもいけないというのだ。

最後に日本のことを聞いたら、文化は異なるが、家族を大切にするという意味で共通の価値観を見出しているとリップサービスを忘れなかった。

局長は触れなかったが、実は最大の援助国は、米国だ。〇二年以降、平均して四〇〇〇万ドルから五〇〇〇万ドルの援助を受けている。アフガニスタン作戦を展開するための拠点として中央アジアで良好な対米感情を醸成するには、援助が不可欠だからだ。ここでもODAと国際政治の密接なかかわりを確認する。

アフガニスタン国境へ

その後、アフガニスタンとの国境まで三時間半のドライブ。

国土の九割が山岳地帯のタジキスタンではなにより道路が重要だが、大半は旧ソ連時代に作られているうえ、冷戦後の内戦で老朽化が激しい。アジアハイウェイ構想の一部にもあたるとして、このドゥスティ＝ニジノピャンジ間の道の修復を、五・三九億円の無償資金協力で日本が支援することにしたのだ。一期に関しては、これからまもなく入札。二期に関してもめどがたっており、三期分についてはこれから開発調査を行う予定だ。

なるほど、しだいに悪路となり、車が左右に蛇行しはじめる。途中、最近地震で三名の犠牲者が出たという町で昼食をとる。くだり気味のおなかを案じて、あたたかいお茶と鶏肉をいただいたが、久しぶりのおいしさだった。

食事中、ローカルスタッフからイスラムの婚姻制度の話を聞く。一夫多妻制度では、三人の妻がいたらすべて均等に扱わなければいけないという。話には聞いていたが、そうした習慣が残っている社会で生活している人の口から直接聞くと、臨場感が違う。政府高官である非常事態省の大臣も、同じ敷地に三人の妻を住まわせているという。えらい国に来てしまった。

アフガニスタンとの国境。河の向こうがアフガニスタンだ

腹ごしらえをしたあと、日本がいずれ完成させる道路をアフガニスタン国境に向けて車を走らせる。景色はウズベキスタン国境とは違い、一面の草原だ。くだり坂になった黄緑色の絨毯の向こうに、太陽にきらきらと映える河川が光る。あの向こうがアフガニスタンだと聞いて、思わずじーんと来る。

国際関係論を教えていて、何度、一九七九年のソ連によるアフガニスタン軍事侵攻に言及したことか。その国が、今、自分の目の前にある。思わず、流れる河のはるか手前に張りめぐらされたフェンスに駆け寄り、顔を押しつけ、その先に広がる大地を凝視した。

第八章　青空に映える島嶼国——ソロモン諸島とフィジー

ソロモン諸島

眼下には、ヤシの木の緑のほんのわずかな隙間に、点在する小屋が見える。ガダルカナル島だ。オーストラリアのブリスベン経由で一四時間、〇九年一一月の午後一時半過ぎ（日本との時差二時間）にソロモン諸島の首都ホニアラ市に着いた。太平洋戦争の激戦の島だが、今回の目的は歴史の旅ではない。

広大な大洋州には、ソロモン諸島、フィジー両国を含め一四の国と地域が散らばる。人口は、多いパプアニューギニアでも六四五万に過ぎず、水没寸前というツバルはたった一万人だ。市場規模が小さく、経済的自立・発展には不利だ。一人あたりのＧＮＩでも、四〇〇〇ドル程度のフィジーから、ソロモン諸島の一〇〇〇ドル程度まで格差は大きい。共通の悩みもある。グローバル化によるごみ問題など環境の悪化や風水害、地震など固有の問題が脆弱性を際だたせる。

この地域には、地理的な近接性から豪州、ニュージーランドが積極的に援助する一方、中国の存在が目立つ。日本にとっては、マグロなどの水産資源や、国連での各国のもつ一票が魅力的だ。実際、日本の援助実績は、ここ数年間、二国間のODAの約一％程度と、人口比では結構多い。九七年から日本は各国の首脳及び主要ドナーと太平洋・島サミットを三年ごとに主催し、昨年のサミットでは、今後、環境・気候変動、MDGs（ミレニアム開発目標）の達成や人間の安全保障、人づくり・人と人との交流に焦点をあてた支援を決めた。

ガダルカナル島とマライタ島の対立

人口六万人のホニアラ市。これまで訪れた途上国のどこよりも図抜けた「途上国らしさ」だ。建築途中の建物もあるが、道路を挟んで立ち並ぶ商店の多くは古びた二階建て。少雨のせいか、ほこりっぽく、生活ごみがあちらこちらに散らばる。その間を中古の日本車が結構なスピードで走る。台湾の協力による国立の中央病院を通って、最初の視察先、環境教育隊員が働く市役所の環境衛生課に赴く。小学校の校舎の廃屋の一部屋といった感じの室内は暗く、雑然としている。

「パソコンもないんです。盗まれてしまったんで」と隊員のP君。P君によれば、人びとには清掃の観念が薄く、なんと市の清掃担当の職員がごみをポイと捨てるのだそうだ。各家庭のごみ収集も十分機能せず、ごみ箱すらも満足にはない。そこで市は、オイル工場から購入したドラム缶の上部をくりぬき、ごみ箱として安く配布しはじめたそうだ。市内で見かけたドラム缶はごみ箱だったのだ。

もちろん、徐々にだが状況は改善に向かっている。生ごみもプラスチックゴミも一緒に捨てられたごみ処理場では、豪州から贈与されたまっ白な収集車が稼動中だった。ただ、環境問題では行政や住民の意識が何より大切で、その意味では、P隊員の各家庭への訪問など、コミュニティー教育活動の成果がおおいに期待される。

いろいろなごみが乱雑に捨てられている、ソロモン島ホニアラ市のごみ捨て場

ついで訪れたのは車で一〇分ほど走ったQ隊員のCBR（Community Based Rehabilitation）の現場だった。Q隊員は養護学校教諭の経験をもつ。バナナが生い茂った高床の家では、九歳で脳性小児まひになったタニヤちゃんがQ隊員とソロモン側のカウンターパートの歌や体操に笑顔でこたえていた。六人の子供を抱える母親は、タニヤちゃんを学校の障害児童クラスに連れていく余裕がないのだ。

四五人の子供を担当するQ隊員は、山奥に半日がかりで訪問することもあるという。考えただけでも気が遠くなる活動だ。最終目標は、村人たちがコミュニティーのなかで障害児の面倒をみることができるようにするというものだが、まだまだ道のりは遠い。

無償資金協力で建設された中央市場（上・下とも）

こうした協力隊員の献身的な活動こそが、将来の日本とソロモン諸島の関係を支えるのだろう。たとえば、ＪＩＣＡのソロモン諸島支所長の渡辺督郎さんは、三〇年近く前に隊員としてマライタ島で活動していたという。協力隊は日本の援助人材を育成してきたのだ。残念ながら、協力隊の活動に疑問が呈された〇九年の鳩山内閣の事業仕分けでは、こうした中長期的な協力隊の意義には言及がなかった。

活況呈する中央市場

翌朝、一九九七年に無償資金協力（七億八五〇〇万円）で建設された中央市場を訪問。市民が殺到する土曜日の朝一番だからか、魚介類や野菜などのほか、貝殻細工などの店が賑やかなことこのうえもない。昼ごろには、この商品はすべてはけてしまうのだろう。半開放型の市場はだいぶ古びてはいるが、よく使われているようだ。トイレの浄化槽の不具合や製氷機の故障など、言外に日本の支援に期待する説明もあったが、自助努力でカバーしてもらうほかはない。

ただ、マライタ人とガダルカナル人の衝突で、市場の放送機器が奪われたり壊されたりしてしまったとの説明には、何とかしてあげたいと思った。内戦の背景には、マライタ島からガダルカナル島への出稼ぎの増加があるという。マライタ人のほうがよく働き、勤勉なのだそうだ。政府の要職もそうとうマライタ人によって占められている。ワントク（一つの言語によるコミュニティー）とよばれる結束の強い社会を形成していることが対立を激化させているのだそうだ。現在では、治安を豪州軍が中心となった平和維持部隊に委ねている。

マライタ島で見た協力

午後からは、そのマライタ島に八人乗りの小型機で飛んだ。ニュージーランド人の若い女性パイロットは、途中、「これから揺れます」と後ろを向いてにっこり。突如、窓に吹き付ける雨と激しい揺れが機を襲ったが、すぐに一転、晴れ間が広がった。

三〇分のフライトで、マライタ島の草地に着陸。小さな飛行場には台湾国旗が描かれた小屋があったが、それが空港の建物だと聞いて、思わず返す言葉に困った。台湾と国交をもつソロモン諸島

無償資金協力によって建設予定のアウキ市場で魚を売る人びと

では、中央病院など各所に台湾の援助の跡が残る。もっとも、商店など経済の実質は中国人が握っているという。

市内への道の周辺は、恐竜でも出てきそうなジャングルだ。まず、無償資金協力（八億一一〇〇万円）によるアウキ市場と新桟橋建設現場を見に行く。新市場の予定先では、ビジネスチャンスと見たのか、一足先にホテルが建っていた。アウキ市場は、人びとの貴重な現金収入の場であり生活必需品を買う場でもある。

市場の管理棟は見た目にもわかるほど老朽化が進む一方、外では直射日光のもと、獲れたばかりのカツオなどの魚がビニールシートの上に無造作に並ぶ。市場の外では、口の中が真っ赤になるソロモンの人びとの嗜好品、ビートルナッツも売っている。市場が一般の人びとに親しまれている証拠だ。

次は草の根技術協力によるＮＧＯの活動現場だ。有機稲作農業を普及するために、ＮＧＯであるＡＰＳＤ（Asia Pacific Sustainable Development）に三年間で五〇〇〇万円を提供し、地域リーダーの育成や小規模産業育成をはかるというものだ。ソロモンで活動していた隊員ＯＢが設立したＡＰＳＤは、島同士の対立による経済の停滞や食糧の不足に対処するには、限られた土地でも安定した農業生産を可能にする定置型有機農業が望ましいと考えている。

途中、協力隊員Rさんの手伝うおしゃれなレストランに立ち寄り、柑橘類のジュースをいただく。ここでは、有機栽培による野菜や果物で調理した料理を提供し、研修の学生が経営ノウハウを学ぶ。肝心の有機栽培だが、化学肥料によるコメ栽培を推奨する台湾より、有機農法の日本に軍配があがったと聞いてほっとした。ただ、人材育成の面では、研修を終えた卒業生一〇〇人あまりのその後がわからないという。出身地域に戻り、有機農法の普及に従事しているのではなかったか。通信事情が想像を越えて劣悪なために把握が困難というのだが、それは事業開始以前から明らかなことだ。今後開始されるフォローアップに期待しよう。

マラリアとの戦い

ホニアラ市に戻り、翌朝、技術協力であるマラリア対策強化プロジェクトを訪れた。近年、マラリアの犠牲者が多く、観光客の足も遠のくほどだ。豪州もニュージーランドもマラリア対策に取り組むが国によって違いはある。リーダーの神戸大学の川端眞人教授によれば、豪州は撲滅に、日本は治療や予防に重点を置く。

協力の結果一〇〇〇人あたりの罹患率がガダルカナル島では五〇〇人から一〇〇人以下に減ったという。ただ残念なことに、三年のプロジェクト期間終了を控えたこの時期に、対象地域で四歳児の死亡が確認され、その原因究明に懸命だった。地域医療機関の未整備や、医師や看護師の意識の

これも無償資金協力で建設された空港ビル（上）と、地震でボードが落ちてしまったロビーの天井（下）

低さなどの問題があるようだ。

それにしても、亡くなった幼児の住む家は四〇分ほど歩いた山のなかだと教えられたが、その「登り口」でさえジャングルではないか。医療機関に連れてくるだけで一苦労なのだ。改めて、先進国目線で物事を考えてはいけないと思った。

最後の訪問先は九七年に無償資金協力で建築した空港ビルだ。案内された出発や到着ロビーの天井のボードが列をなして落下している姿には、正直驚いた。この地域は地震多発地帯。それが原因の一つでもあるらしい。

聞けば、〇五年にソロモン政府に対し応急対策として支援を要請したものの、採択されなかったという。空港といえば国の玄関口。外には日本のODAによることを示した立派なプレートもある。原因究明を含め、修復を急がねばならない。こうしてソロモン諸島訪問は終わったが、いつも、はじめて訪れる土地では、新鮮な驚きを感じる。今回も例外ではなかった。

中国の無償資金協力による立派な体育館

途上国卒業近いフィジー

午後二時近くにホニアラを発ち、フィジーのリゾート地、ナンディ経由で首都スバに移動する。ナンディの空港ロビーでは、壁面の賑やかな広告が迎えてくれた。ソロモン諸島とは別世界の近代化の証だ。

しかし、フィジーの現状は国際政治の縮図そのものだ。現在の政府は軍事政権。憲法を停止し、議会も解散したままで、国際的には孤立している。豪州との対立は、大使の追放騒ぎにまで発展している。

クーデターの背景には、フィジー人と英国植民地時代にサトウキビ畑に入植したインド人との対立がある。フィジー人中心の社会を目指す多数派がいるなかで、四割弱のインド系市民とも共存しようとクーデターを起こしたのが現在の政権

洪水で流された、タブヤ村の橋梁工事の現場を視察する著者

だ。豪州、ニュージーランドはじめ各国とも戒厳令を発動した現軍事政権を非難する一方、大規模な人権弾圧は起きていないところから、経済面での本格的な制裁には及び腰だ。もっとも新規の円借款を出さないなど、日本のＯＤＡにも影響がないわけではない。

翌朝、市内の清潔な通りを見て、思わずシドニーの市街地を思い出した。低層の瀟洒《しょうしゃ》な一戸建てが並び、門扉の前には収集車を待つごみ袋が整然と置かれている。これが高級住宅地ではないというのだから驚く。まぎれもなく低中所得国だ。途中、中国が建設した体育館の前を通る。体育館だけではない、プール、ラグビー場など大洋州地域でのオリンピック開催に向け、中国は無償で提供している。低中所得国のフィジーにも同様に中国はプレゼント攻勢だ。何か別の思惑があると見たほうがよさそうだ。

フィジーに対する日本の無償資金協力は、域内のほかの島嶼《とうしょ》国にも広く援助効果があがるものに限定されている。太平洋予防接種事業強化プロジェクトや南太平洋大学情報通信技術センター整備計画が、その典型例だ。

訪れたフィジー新医薬品供給センター（無償資金協力）では、地域の国ぐにが共同で大量購入することで価格をおさえた医薬品を保管し、需要に応じて各国に供給していた。一般的に、被援助国間の連携は各国の思惑もあり進まないが、ここでは、皮肉なことに小国の脆弱性が連携を促している。

青年海外協力隊の活動を含め技術協力は活発に行われている。スバ市内からボートでマングローブの間を縫って二〇分ほど進むと、洪水で流されたタブヤ村の橋梁工事の現場に到着。ここでは、土木専門のS隊員が活動する。村人たちを驚かせた特殊な方法でコンクリートの塊《かたまり》を浮かせて移動し、新たな橋脚の足場とする工事は完成間近だった。

工事には一〇〇〇万円の草の根・人間の安全保障無償資金協力を活用するなど、スキーム間の連携がはかられていてうれしかった。コンクリート塊の移動に成功した晩は、朝までカバ（こしょう科植物の根を砕いて汁で溶いた、儀式の際に振る舞われるフィジーの伝統的飲料）責めにあったという。村人たちのS隊員への高い評価がうかがわれるエピソードだ。

効果的な連携進む環境案件

フィジーでの視察でもっとも印象に残ったのは、廃棄物減量化・資源化促進プロジェクトだった。大洋州の諸国は、生活物資の大半を輸入に頼り、消費後は廃棄物として島に残される。新たな処分場も伝統的な土地所有制度などの理由で土地を確保できず、他方、覆土が不十分なごみ捨て場は環境悪化の原因となっている。一見美しい街並みの背後に問題は山積している。こうしたところか

きれいに分別されているラウトカ市の生ごみ処分場（上）と、
各家庭に配られたコンポスト用のごみ箱（下）

らフィジー政府は自治体の能力向上、ごみの減量化・資源化などソフト面での取り組み、ごみ収集、運搬コストの軽減といった三R（Reuse Reduce Recycle）の普及を通じた住民意識の向上を目指し、日本政府に協力を要請したのだった。環境局、ラウトカ市、ナンディ町が参加している。

ブリーフィングを受けたあとに、野菜や果物など地場の産品が並ぶラウトカの大きな市場で、生ごみの分別状況を見た。パイナップルの葉とそれ以外の部分をコンポスト（推肥）用に分別する基本的な取り組みの様子や、分別の仕方を書いたポスターなどをみる。

市場をぐるりとまわったが、生ごみも床にずいぶんと落ちている。聞けば、市場関係者以外の一般客も来るので、まだまだ目的達成にはほど遠いという。ここの生ごみは二〇分ほど車で移動したラウトカ市の処分場に捨てられる。他方パイロット地区では、プラスチックゴミは各戸が一ヶ所にまとめ、それを民間業者が収集している。

案内された生ごみの処分場のあまりの整然さに思わず目を疑った。説明を聞いて、生ごみのコンポスト化を試みているプロジェクトの現場だと知って納得した。ここでは、協力隊のT隊員が生ごみを搬送された時期にしたがって区分し、コンポスト化の状況を観察していた。三Rといっても、こうした地道な作業が前提となるのだ。

この処分場の入り口には大きな計測器が置かれ、ダンプカーのごみの運搬量をコンピューターで管理している。こうすることで、ラウトカ地区以外からのごみのもち込みに正確に課金できるようになったという。この小さな管理棟とパソコンは日本の援助だ。

その後、手付かずで悪臭が漂う旧来のごみ捨て場を見たが、どこでも見かけるウエストペッカー（ごみ拾い）がいた。聞けば、五ドルほど支払って認可をもらい、換金できるごみを探しているそうだ。パイロット地区とはすごい違いだ。この状況から脱出するには、日本のこのプロジェクトが成功し、自助努力でフィジー側が取り組むかどうかにかかっている。

ついで、車で三〇分。ナンディのマタボリボリ村（奇妙な名前だ）で、コミュニティーレベルで行われている三Rの実践状況を見る。人口は九〇〇人あまり。九三年に造成された新興の村だ。ここがプロジェクトのモデル村に選ばれたのは、住宅問題などをめぐり住民の結束がもともと強かったからだという。集会所でパワーポイントを使ったブリーフィングを聞いたが、あまりに熱心な取り組みに恐れ入った。村全体に三Rの大切さを浸透させるために、行政と村人たちが共同で行動しているのだ。

三軒の住民宅を訪れたが、各家の庭には緑のコンポスト用のごみ箱が置かれ、一部はすでに肥料としてもちいられていた。見れば、みな、白緑青を基調としたポロシャツを着ている。なにやら環境問題が、住民共通の話題になっているのだ。「ごみ減量とリサイクルプロジェクト」と題したプロモーションDVDまで作っていた。これで着実にごみの分別は進むだろう。

実はこのDVDは、日本の支援によるプロジェクトの専門家と、日本の大手流通企業の環境室で働いていた協力隊員のUさんとの共同作業の一部だと知って驚いた。日本からの客人へのプロジェクトの成果集だったかもしれないが、日本の援助がこれほど喜ばれている姿を見るのはうれしい。ぜひ、フィジーのこのプロジェクトが、大洋州全体のごみ問題改善をリードしてくれればと思う。そんな気持ちでナンディをあとにした。

今回訪れた二ヶ国では、これまで訪れた途上国以上に、部族、民族間対立など途上国としての特徴と課題を示していたように思う。ソロモン諸島では最貧国（一人あたりGNIは一〇〇〇ドルを越すというが、目の前に広がる光景は、極貧国そのものに思われた）の、またフィジーでは低中所得国としての援助のあり方を考えさせられた。機会があれば、またぜひ訪問したい。

第九章　緑と太陽の国、インドネシア

アジアの大国インドネシア。何しろ、大小一万八〇〇〇を超える島からなる国土は、米国の東西海岸の幅に匹敵するほどの気が遠くなる広さだ。原油や天然ガスの日本への輸送路であるマラッカ海峡を抱え、また資源豊富な国でもあるインドネシアには、長期にわたり、日本が重点的に援助を行ってきた。たびたび訪れているインドネシアで、二〇〇七年三月、また別の顔を見つけることができた。

査証が必要に

香港経由で、ジャカルタ到着は午後八時。驚いたのは、査証が必要になったことだ。二年前、コトパンジャン・ダムを訪れたときには必要なかった。一週間以内であれば一〇ドルだ。スタンプを押してもらって入国審査、バッグをとって外へ。だいぶ時間がかかった。入国審査の女性職員が、どこの大学と聞くので、KEIOと答えたら、にっこり笑ってくれた。

両替をする。今回は、わが草野ゼミの面々と一緒の旅だ。協力隊員としてインドネシア滞在七年を誇る院生の真田君の交渉で、一万円が七五万ルピアに化けた。

交番システムの導入

朝一番で、ジャカルタ近郊のブカシ警察に出向く。日本の技術協力のヒットである、交番システムの導入を柱とする警察に対する技術協力の見学だ。

日本のODAは近年、ソフトの支援、なかでも統治能力支援に力を入れている。交番システムはその一例だ。正式名称は市民警察活動促進プロジェクト（〇二年から五年間）。民主的で公正な社会作りのお手伝いはどのように展開しているのだろう。ここブカシは、その本拠地だ。

早く着いたので、日本の警視庁から来ている鑑識の専門家の話を聞く。その途中、署長に会えるというので、階下に急ぐ。挨拶だけのはずが、実質的な質疑になる。これ幸いと、今後の課題や展望を聞く。

プロジェクトは五年間にわたる第一段階が終了し、第二段階に入るところだ。通常の技術プロジェクトは五年間で終了だから、さらに次があるということは、日本・インドネシア両国が、そうとう、このプロジェクトに期待をかけている証拠だ。

署長によると、鑑識技術、通信指令体制、交番システム、教育・訓練のこれまでの四分野に加え、人材の質の向上や最新技術の導入で協力がほしいとのこと。具体的には、日本と同じようなシステム及びそのシステムを動かすための技術の習得が不可欠だという。

このような日本のさらなる援助への期待は、どの途上国にも共通している。なにか、日本には打ち出の小槌があるかのようだ。思わず苦笑する。

その後、学生からの質問に移る。V君から、国家組織である警察部門に外国からの協力を受けることについて抵抗はなかったのかと、なかなかに鋭い質問が飛ぶ。心配はない。世界は一つだからと頼もしい答え。さらに、支援を歓迎しているとも付け加えてくれる。

Wさんからは、警察の質がよくなったことを市民は知っているかとの質問が出る。これには、ちらしを配布するなど告知活動を半年前から行ってきたとのこと。本気で交番のことを考えていることがわかってうれしい。先週、テレビ局が交番について取材にきたという。それだけ注目を浴びているのだろう。

日本人関係者によれば、インドネシアでは警察の評判は概してよくない。そもそも、国軍から警察が、大統領直属の組織として独立したのは二〇〇〇年のことでしかない。インドネシアの民主化の流れのなかでのことだ。

それまでインドネシア警察は市民の味方どころか、市民に発砲することもままあったという。私も、スリランカやバングラデシュで公然と警察官が一般民衆に暴力をふるう現場を目撃して、思わず身をすくませたことが何度もある。

インドネシアに導入された日本式交番

暴力だけではない、インドネシアの警察は、日常的に市民同士の争いを裁いてカネをもらったり、交通違反のもみ消しでカネをせびったりと、あまりよい話は聞かない。残念ながらわれわれも、ブカシ警察を訪れた翌日、違反もしていないのに車を呼び止められ、ドライバーがなにがしかのカネを払って、通行させてもらった。こうしたことは日常茶飯事だそうだ。

その市民に信頼されていない警察が、交番を作るというのだ。当初、市民から不安や反発の声が強かったのも無理はない。監視体制の強化ではないかというのだ。こうしたイメージは簡単にはなくならないが、実績を積み重ねるしかない。こうして、日本とインドネシアの協力がはじまった。

地域住民に密着した警察。巡回、相談、犯罪通報で、市民が気軽に警察を利用する。その中心拠点となるのが交番だ。うれしいことに、この機能が徐々に浸透しはじめているという。

なぜ、首都のジャカルタではなくブカシか。住宅地域も、商業地域も、教育施設もあり、港も遠くはない。日本企業も多数進出しているといった特徴があり、インドネシアのほかの地域に同種の試みを行う際のパイロット地区として適当なのだという。なるほどと思う。

こういった技術協力を含め、どこで協力をはじめるのか。場所の選定はきわめて重要で難しい。よい意味で驚いたのは、この交番設置が、インドネシア側の予算ですでに周辺地域に波及しはじめていることだ。日本がパイロット的に点の協力を行い、援助された側がそれを面に広げる。援助協力のもっともよいパターンだ。

鑑識技術では国を超えた技術協力の難しさを改めて知った。日本でも採用している国際的な標準方式を技術移転しているが、インドネシアは異なる方式をこれまで採用していたため、この協力終了後は、インドネシアでは消耗品が手に入りにくくなってしまうというのだ。

情報通信分野でもある意味同様だ。日本では何か起きれば一一〇番だが、一一〇番はあるものの有料なのだそうだ。したがって通常は、なにか問題が起きると、まず区長や村長に相談し、警察に行くべきかどうかを判断してもらうという。こうした習慣があるので、一人一人の市民から警察に直接通報してもらうというのはなかなか難しいらしい。

意外なのは、急速に普及した携帯メールの利用だ。通報を携帯メールでと、ポスターなどを使って半年前から告知しているという。さまざまな工夫をしながら、技術協力に取り組む専門家の様子がよくわかる。しかしなによりも、インドネシアの市民や警察官の意識改革がまず必要だという指摘には、説得力を感じた。行政改革をはじめ日本の改革も、結局は当事者の変わらない意識が最大の障害になっているという指摘は、よく耳にする。

ジャカルタ近郊のチビノンにある、生物多様性保全センター

ハコモノの維持管理は

　ついで訪れたのは、ジャカルタ近郊のチビノンにある生物多様性保全センターだ。周辺は、自然そのもの。そのなかに、瀟洒でモダンな細長の建物が見えている。〇四年度から三年間で、計二二億円の無償資金協力によって建てられたものだ。動物に焦点をあてたセンターはその前にできている。かなり大がかりなプロジェクトだ。どのような意義があるのだろう。

　インドネシアでは、生物多様性に富んだ国土の特徴を生かし、国民の約二割が農業、漁業に従事している。そのため、インドネシアの持続的発展をはかるには、生物多様性の保全が不可欠であり、そうした観点から、このプロジェクトの要請があったという。それまで研究が行われていた施設はあまりに老朽化が進み、一九世紀から蓄積されてきた植物の標本の保存状態もよくなかったそうだ。

　日本人関係者によれば、この案件では、インドネシア側のナショナリズムの高揚が認められるという。どういうことなのだろうと一瞬、いぶかしく思う。どうやら、世界で新種と思われる植物が発見されたときに、まずこのセンターの膨大なコレクションが参照されるかららしい。たしかに、収集の規模は世界一に近いという。先進国であっても、世界から注目されれば悪い気はしない。ましてや、世界的に誇れるものが少ない途上国のことだ。インドネシアの研究者たちの気持ちはよくわかる。

しかし、こうしたハコモノの無償資金協力に共通する課題は、維持管理だ。メンテナンスの費用はどうしているのか、担当者に聞いてみる。

動物センターの場合、維持費が日本円で年に約六〇〇万円かかるそうだ。政府がカバーしているという。生物多様性保全センターは二〇〇〇万円。今のところ、政府は動物センターと同様に用意すると言っているそうだ。結構なことだ。

しかし、途上国では約束しておきながら、実行できないことがしばしばある。他方、日本政府も、途上国の自助努力をＯＤＡに際して強調している。そのため、日本は無償で建物を作り、技術協力もするが、維持管理や消耗品の購入、人件費などについては、途上国側で用意してほしいというのが基本的姿勢だ。

それはわかるが、無い袖は振れないでは、結果的に日本の援助がムダになる。そんなことがあってはならない。一つのアイディアだが、こういうときこそトヨタなどの日本企業に、ＣＳＲ活動の一環として、少しずつ拠出してもらえばよいのではないかと思うが、どうだろう。地球規模の環境問題にもかなうと思うのだが。

そのほかに問題はないのだろうかと思っていたら、精密機器のスペアパーツが、日本のメーカー製でないと合わないので困るという。汎用性のあるものを納入することが必要だろう。いつも聞かされる問題が、ここでも起きている。

保全センターと京都大学、北海道大学、鹿児島大学との連携は進み、インドネシアの学生の二五％は修士号、博士号を日本で取得しているという。日本とインドネシアの二国間関係にとってよいことに違いない。ODAを長期にわたって継続的に行うということは、こうした人脈作りにも効果をあげる。将来、彼らは政府の幹部になるかもしれない。日本を知る幹部がいるかどうかは、外交上きわめて大切だ。こうした地道な努力は、まわり道に見えて、両国関係を良好に保つ最大の方法なのだ。

センターの実験施設を、微生物ラボを含めて案内してもらう。歩いていると、廊下が傾いている。これは設計ミスかと一瞬疑ったのは、早とちりだった。危険物を扱っているため、万が一、事故が起きたときに多量に水を流すが、その水が流れやすくするための工夫だという。新たな発見だ。こういうことは援助の現場を見てはじめてわかることで、来てよかったといつも思う。

九二億円の円借款

朝七時すぎに、一昨年（二〇〇五年）の大洪水の跡を見ようと、市内の堰（水門）に立ち寄る。見れば堰には、不法投棄と思われるごみが山をなしている。この不法投棄で流れが遮られ、それも原因の一つとなって川の氾濫が起きたという。

ふと見ると、車の向こうに鉄道の車両がみえる。ＪＢＩＣ（国際協力銀行）の説明では、途上国のなかでインドネシアほど鉄道がしっかり運営されているところはないとのこと。七分間隔で電車が運行されているという話には驚く。車両の六割が日本製だ。ただ、屋根にも人が鈴なりになっている。そのうえ扉は開けっ放しだ。危険きわまりない光景には正直びっくりする。

次の目的地、デポック車両基地に向かう。ジャカルタから三〇キロのところにある。ところが、到着に一時間以上かかってしまった。途中の交通渋滞が激しく、予定をだいぶ過ぎてしまう。

インドネシア、デポック車両基地にある広大な工場の内部

メインの通りから少し入ると、眼下に大きな空間が広がる。東急田園都市線の長津田の車両基地そっくりだ。二六ヘクタールもある。デポック車両基地はジャカルタ首都圏で運行中の電車の一部の保管施設であり、整備機能ももつ。九二億円の円借款で、〇四年にスタート。ほぼ完成しているようだが、とにかく大きい。

学生諸君から多くの質問が担当者に向けられる。

「移転を余儀なくされた住民の不満はあったのでしょうか」とのV君の問いには、住宅、歩道橋、周辺道路の確保などで住民はほぼ満足しているとの答え。たしかに、住宅や周辺の住民にとって不可欠な生活道路、それに、車両基地をまたぐ跨線橋が完成している。

「計画を住民にどう説明したのでしょうか」とのWさんの問い。たしかに二〇年前は、警察が有無を言わさず、工事に反対する住民を強制的に排除したが、それは昔の話。今では、この案件を含めて住民移転をともなう場合、ＪＢＩＣには住民説明会の開催が義務づけられ、住民に納得してもらってから開始しているという。

当然の話だが、住民移転をともなう案件で全員の了解が得られることはありえない。この案件がおおむね受け入れられたのは、住民移転が大規模ではなく、当局の説明と補償内容が住民をほぼ満足させたからではないだろうか。

X君から「将来計画はどうなっているのでしょうか。インドネシア全体の交通計画のなかで、鉄道はどうなると予想していますか」となかなかに興味深い質問が出る。

「鉄道の利用率は公共輸送手段では数％。したがって、利用率を高めることが急務と考えている」との答え。まだまだ利用者は少ないようだ。そのためなのだろうか、検査や修理が現在の一八〇両の一・五倍に増えても十分対応可能とのことだ。あまりに需要が少なければ、円借款の供与の前提が崩れてしまう。政府も補助金をつけて、運賃値下げを促しているが、思うように増えないようだ。

ランチに、甘みのある辛さが魅力的なスンダ料理をほおばる。午後からは、円借款案件の送電網、変電所計画の現場に移動する。インドネシア・西ジャワ五〇〇キロボルト送電網増強事業調査の見学だ。

ジャワ島では、送電線は北部まわりしか整備されておらず、何か事故が起きると全島で停電が繰り返されてきた。その送電線を南部まわりに増設し、変電所を設置することで、北側の送電線が寸断された場合でも、すべてが停電する事態を回避することができるようにするという計画だ。インドネシアの経済発展にとってきわめて重要な案件だが、紙幅の関係で省略する。

夜、日本の経済官庁出身のジャカルタ在住日本人と会ったが、昨今の中国脅威論についてのコメントは実に興味深い。日本の報道はオーバーだというのだ。

日本では、インドネシアの天然ガスを中国が購入しはじめたために対日輸出が大きく減少しているという「とばっちり論」が主流だ。しかし、タングー天然ガス田は、日本企業が開発におおいに関係したが、その後、日本企業が購入に関心を示してこなかったことにこそ問題がある。その間、代わりに、中国、アメリカ、韓国が購入してきたのだ。

自国での消費を理由に輸出を大幅削減するとインドネシア政府が伝えてきたプルタミナ国営石油会社からの日本企業向け天然ガスも、日本はその方針を聞く前に、輸入量を一二〇〇万トンから六〇〇万トンに減らしたいと申し出ていた。こうした経緯を無視して日本が中国に責任を転嫁するのは、いかがなものかというのだ。まことにそのとおりだと思う。最近は、何か日本にとって問題になることが起きると、みんな中国のせいにしてしまうような傾向があるようだが、それはよくないだろう。日本で聞く話とはずいぶん違う。

次の話も別の意味で興味深かった。こちらは、日本側のダムの所轄にかかわる問題だ。翌日、泥に埋まったダムとして読売新聞が大々的に報じた、スラウェシ島のビリビリ・ダムを訪ねる予定になっており、彼の所見を聞いてみたのだ。

すると、申し訳なさそうに知らないという。住民移転問題で世間の注目を浴びた発電中心のコトパンジャン・ダムは知っているが、多目的ダムのビリビリ・ダムは同じ円借款だがわからないという。ダムはダムでも、発電目的のダムは経済産業省、発電、利水、治水を目的とする多目的ダムは国土交通省と担当が分かれているという。こんなところにまで、縦割り行政がもち込まれているのを知り、びっくりする。大使館が、ミニ霞ヶ関状態になっているという話は聞いてはいたが、それはこういうことを言うのだと思い知る。これでは、問題が起きても、オール・ジャパンで対応することは難しい。

ビリビリ・ダムへ

いよいよビリビリ・ダム視察のために、スラウェシ島のマカッサルへ。朝五時半にロビーに集合し、空港に急ぐ。空の旅は問題なく快適だ。

キジャン（トヨタ車）で、一路ホテルへ。雨期のために、途中、道はかなり悪い。高層ビルは見えず、ジャカルタとはまったく異なる光景が広がる。ただただ広く、あちらこちらに建つモスクばかりが目立つ。人びとの表情は人懐っこく、ほっとする。ホテルに着いて、チェックイン。いよいよビリビリ・ダムの現場に向け出発だ。

以前、住民が日本政府を訴えたコトパンジャン・ダムを調査していたときから、ビリビリ・ダムがODA批判の象徴的案件になりそうなことは予測できた。ダム建設に反対する日本の学者が、現地で活動していると聞いていたからだ。それ以来、機会があれば訪れたいと思っていた。

ODAについては、どちらかといえば理解ある記事を書いてきたはずの読売新聞が、〇六年一〇月六日に社会面のトップ記事でビリビリ・ダムの現状を批判的に、しかも断定的に取り上げたのだ。タイトルは「泥ダム　二五一億円／インドネシア円借款／土砂流入　甘い調査／完成五年　さらに一〇〇億円融資」とあり、もし、実態が記事どおりであれば、まさに公費の無駄遣いだ。

ただ、メディアのODA報道を二〇年ほど見てきた勘からすると、やや違和感を覚える記事だった。本当にこの記事のリードどおりに、泥ダムなのだろうか。

記事はダムの現状について次のように伝えていた。冒頭部分を引用しよう。

円借款二五一億円を投じて建設されたインドネシアの多目的ダムが、完成してわずか五年で大量の土砂によって埋まり始め、日本側が緊急対策として、さらに約一〇〇億円の追加融資を行っていたことがわかった。ダム上流部で岩盤が崩落したことが原因だが、その危険性は、建設前から指摘されていた。事前調査を行ったコンサルタント会社は、緊急事業の事前調査も担当する。見直し議論が進む日本の政府開発援助（ODA）。その現場から報告する。

スラウェシ島最大の都市マカッサルから車で一時間。ビリビリダムのダム湖（約一八平方キロメートル）は諏訪湖（長野県）よりも大きい。上流部は流入した泥で茶色く染まり、見渡す限り、まるで干潟のようだった。

ダム湖に注ぐジュネベラン川では、重機で土砂の掘削が始まっていた。毎日、トラック約三〇台分の土砂を運び出しているが、現場責任者は「いつまでたっても終わらないよ」とこぼした。近くで食堂を経営するライス・ドゥルさん（三四）は、「水をためるはずのダムが泥をためることになった。建設を計画した人はきちんと責任を取るべきだ」と訴えた。

治水、かんがい、上水などを目的としたこのダムは、一九九九年に完成。工事は日本の準大手ゼネコンが請け負った。（後略）

つまり記事は、日本政府は事前調査で大規模な地滑りの危険を認識していたにもかかわらず、ダムを建設し、結果的に発生した崩落によりダムは土砂で埋まり、その除去のために新たに追加融資を行っており、公費を無駄遣いしていると指摘しているわけだ。

もう一つの視点

これに対して、円借款を担当したＪＢＩＣは、記事掲載の一ヶ月後の〇六年一一月二〇日に、「インドネシア　ビリビリダムでの災害及び修復の現状について」と題した所感をホームページに掲載した。

一言でいえば、報道は断片的な情報を集めた誤解を招くものであること。大規模な地滑りの結果、ダムに土砂が流入したものの、ダムが泥で埋まってしまうという状況はありえないこと。追加の融資は、インドネシア政府の要請にもとづき、日本政府が手続きをふんで適切に判断したものであることなどが述べられている。

正面からの反論としては物足りないが、新聞記事とＪＢＩＣの反論のどちらにより説得力があるだろう。

満々と水をたたえるビリビリ・ダム湖

鍵になるのは次の三点。第一は、記事が指摘する土砂堆積でダムは埋まってしまうものなのかどうか。第二は、土砂流入の原因となった大規模な地滑りは、事前の調査で予測できる程度のものであったのかどうか。第三は第二点とも関連するが、そもそも、この地にダムを建設する必要があったのかどうか。つまり、ダム建設の目的である。

第一に泥ダムになる可能性について見てみよう。

私と一緒に現地を訪れた学生の第一印象は、新聞が報じた内容とずいぶん違った。「私たちが視察したときには、雲が多くあいにくの空模様だったにもかかわらず、湖面は一部濁ったところはありましたが、青く透き通ったところさえあり、

『ここが本当に噂の泥ダムか?』と思ったほどです。私たちが現地を訪れたのは雨季でしたので、新聞記者が乾季に取材に来ていたとすれば、そのあたりも考慮しないといけないとは思いますが、決して『干潟のようだった』という状況ではありませんでした」(『国際開発ジャーナル』〇七年六月号)というものであった。

もし新聞記事のとおりだとすれば、その五ヶ月後にわれわれが訪れたときには、ダム湖のかなりの部分はすでに泥に埋まっていなければならなかったはずだ。しかし、湖は満々と水を貯えてわれわれを迎えてくれた。

新聞は何を勘違いしたのか

学生が指摘したように雨期に訪れたからということも多少はあるだろう。しかし、より根本的な点についての「勘違い」のために、記事は読者を「泥ダム」に誘導することになった。記事はダムのいわゆる有効貯水量と、計画堆砂容量を取り違えたのだ。

有効貯水量が三億五〇〇〇万立方メートルあるビリビリ・ダムの場合、その一〇分の一以下の二九〇〇万立方メートルに近い土砂が堆積したとしても、湖から水がなくなることはありえない。ダムが土砂に埋まっていないのは当然なのだ。他方、大規模崩落で計画堆砂容量の約九〇%がほぼ五年で満杯になる可能性はある。この点の区別がきちんとなされていないのだ。

計画堆砂容量が埋まってしまうことは、もちろん好ましくない。そこで、追加的な円借款を供与し、土砂を除去して二次災害を防ぎ、土砂で奪われかけたダムの機能を回復させようとしたのだ。

実際に、大規模崩落の被害は予想をはるかに超えるものであった。死者一〇名、行方不明者二二名に加え、山崩れのあとの降雨で土石流が繰り返し発生し、〇四年三月から六月までの三ヶ月間に、約一四〇〇万立方メートルの土砂（東京ドーム約一一杯分）が堆砂地点から流出した。その結果、崩壊地点から約五キロ下流にある砂防ダムは完全に埋没し、ダム上流のジェネベラン川流域の農地の埋没や河道を横断する交通障害などの被害が発生した。また、ビリビリ・ダムにも、崩壊土砂の流入や水質の劣化による機能低下が懸念された（ＪＢＩＣ所感、前掲のホームページに掲載された〇六年一一月二〇日のもの）。

第二は、ジェネベラン川で起きた大規模崩落が、事前調査で予測可能だったかどうかである。記事はこの点について厳しく批判し、七九年の事前調査報告書が崩落の危険性を指摘していたにもかかわらず建設を強行したことが、災害につながったと暗に指摘している。

とりわけ事前調査報告書が、「水源地域の山は極めて急峻《きゅうしゅん》。最近では六五年に大規模な地滑り、崩壊があった」「将来とも大量の土砂発生の可能性があり、砂防が重要な課題」と指摘していることをあげ、予想できたはずだと言外に主張する。他方、政府側は、実際に起きた山体崩落は報告書の指摘の範囲内の大規模な地滑りより、はるかに巨大で、予想の範囲を超えていたと考える。

峰の一つが消えたバラカラエン山を望む

山が一つ消えた

ダム湖沿いに上流に向かって車を走らせる。湖面の幅が狭くなり、流木や石が埋まった景色が広がる。流出した土砂災害の現場だ。その寂寥とした景色のはるか遠くに、雲のあいまから山やまがのぞく。

「あれ、あれですよ」とこのダムの建設に二〇年前からかかわる建設技研インターナショナルの清水氏が、手をあげて空を指す。「見えるでしょう、あれがバラカラエン山。連なる峰の一つが一瞬にして視界から消えたんですよ」。

三〇～四〇キロ離れた遠くから見ても、結構な大きさの山だ。その一つの峰が完全に崩れ去ってしまったという。高さでいえば一〇〇〇メートル分だ。その土砂の量は二・三億立方メートルにものぼる。清水氏によれば、日本で三大崩落とよばれる崩落土砂の量のトップは四・一億立方メートル。富山の立山で起きた「鳶《とんび》崩れ」だそうだ。バラカラエン山の山体崩壊の規模がいかに大きいかが想像できる。議論の分かれるところだが、事前の予測をはるかに超える大規模崩落だったことはたしかのようだ。

第三は、ダム建設が必要だったかどうかだ。つまりは建設の目的だ。ダムが建設土木企業や政府の高官の懐を潤しただけなどということがあってはならないことは、もちろんだ。

マカッサル市を中心とする、ジェネベラン川流域を総合的に開発する全体像の一角をビリビリ・ダムは担ってきた。洪水制御や上水、電力など地域住民の日常生活のレベルの改善、灌漑事業による農業の効率性の向上、さらには、この地域への直接投資の誘致などが期待されたのだ。

清水氏によれば、ダム建設開始時の八七年、人口七〇万だったマカッサルは（現在では一四〇万）、中核都市でありながら、洪水や渇水対策が講じられていなかったという。街のはずれの公共事業省の流域事務所近辺では、雨期になると一面が浸水し、道路がどこかわからなくなる。車は道路の両端に立てられた境界線を示す竹竿を見ながら運転するという状況だったそうだ。

反対に乾期になると、浅井戸から汲み上げる水に汚水がまじり、ボトルに入れておくと黄色に変わる。それが、九〇年にジェネベラン川下流域河川改修・市内排水改善事業が日本のＯＤＡで実施された結果、浸水被害は激減し、利用価値のなかった土地が、住宅地や商業地域として開発されることになったという。

そして、洪水防御、上水道、灌漑用水の補給、発電、河川環境用水の補給を目的としてビリビリ・ダムが九七年に完成した結果、その効果はより広範な地域に及ぶことになった。これにあわせて、上水道の整備事業が完成し、日本の厚生労働省の基準をクリアした水が断水することなくマカッサル市に供給されるようになった。さらに同時期に整備されたビリビリ灌漑事業によって、〇五年からは米作の二期と裏作の四〇％を維持しているという。

マカッサル工業団地も、九二年の完成時には二社にしか過ぎなかったテナントが、九七年にマカッサル港にコンテナヤードが建設され、それにともない道路も整備された結果、物流は急速に改善し、現在では一八三社が営業しているという。

加えて清水氏は、〇二年の集中豪雨の際に、このダムがなければ、毎秒三〇〇〇立方メートルを超える洪水がマカッサル市を襲い、甚大《じんだい》な被害をもたらしたはずという。ダムのおかげで毎秒一〇〇〇立方メートル以上の洪水が調節され、マカッサル市が洪水の被害から救われたのだ（『国際開発ジャーナル』〇七年一一月号）。

もっとも清水氏は、ダムの効果もあり人びとの生活は以前よりも安全で豊かになったものの、灌漑施設の維持・管理などの点で課題は残されていると指摘する。

以上のように、読売新聞の報道は、いささか問題の残る記事であったことは間違いない。メディアの機能の一つが権力批判であることからすれば、おおいにODAの課題や問題点は指摘されるべきだ。しかし同時に、その内容がより正確で客観的事実にもとづくものでなければならない。たとえば、記事の情報源に偏りがあってはならないことは当然だろう。

残念ながら、記事中でコメントを寄せている学者は、以前からビリビリ・ダム建設に反対である。他方、このダム建設に二〇年も前からかかわってきた前述の清水氏は取材を受けてもいない。これでは客観報道とはいえない。しかも、ここで私が指摘した点について、多くの読者は判断する材料と力をもたない。

私の学生V君は次のように清水氏の話に対して感想を記してくれた。

この方は、崩壊後も万が一の土石流の発生に備えて、地域住民と防災訓練をしたり、避難小屋やハザードマップを作ったりしており、まさに地元の人びとと共にこの災害に立ち向かっていました。その他にも、カカオやコーヒーなどの農業指導や土石を利用した建設ブロック作りなどといったコミュニティー開発支援もしているのに、日本では、こういった面はいっさい報道されていないのは残念です。（『国際開発ジャーナル』〇七年六月号）

第一〇章　住民不在のODA訴訟
――インドネシア、コトパンジャン・ダム裁判で起きていること

途上国ではさほど関心をよんでいないにもかかわらず、日本の一部で大きく報じられる事柄がある。ODAでも、時折、そうした事例がある。もっとも、だからといって、報道そのものが問題だというわけではない。報道の仕方にやや公平さを欠くのではないかというのが、私のODA報道を長年見てきた感想だ。

前章のビリビリ・ダムもそうだったが、本章に登場するコトパンジャン・ダムはその最たるものだ。日本で報じられている問題は、果たして、指摘されているとおりなのか。別の見方はできないのかという明確な問題意識をもって現地を訪れた。この章のもととなった文章は、〇四年九月号の『諸君！』に掲載された記事である。取材には、青年海外協力隊員としてインドネシアに七年間滞在した経験をもつ真田陽一郎君（現在、博士課程在籍、取材当時は修士課程在籍）の全面的協力を得たことを明記しておく。

〇四年で五〇周年を迎えた日本のODAだが、その歴史上はじめてという注目すべき出来事が進行している。日本の円借款でインドネシア政府が建設したダムによる、被害者ら（一五ヶ村の住民八三九六名、及びスマトラ象、スマトラ虎などの個体群を含む自然生態系が原告で、インドネシア環境フォーラムが代表）が、日本のNGO（「コトパンジャン・ダム被害者住民を支援する会」）の協力を得て日本政府を相手取り、〇二年九月五日、インドネシア政府に対するダム撤去の勧告（原状回復）や住民一人あたり五〇〇万円の損害賠償請求の訴訟を東京地裁に起こしたのだ。

このNGOの代表者鷲見一夫氏（元東京国際大学教授）は、政府批判の学者としてこの世界ではよく知られ、著書『ODA援助の現実』（岩波新書）は八九年の発売以来、一五万部を発行している。その意味で一市民が起こした裁判とは違い、影響力は格段に大きい。

今回の訴訟は、次の点で前代未聞だ。これまでも、海外で行われるダムや港湾施設、橋梁建設などの円借款案件で移転住民が生じ、借り入れ国の政府が住民の不満や要求に対応したことはあった。ところが今回は、貸し手である日本政府を直接訴えたのである。訴えられた政府は冷静さを保ちつつも、戸惑いを隠せない。

そうでなくとも、数少ない外交手段という見方からすれば、ODAには逆風が吹いている。小泉財政再建路線の結果、予算費目で毎年一〇%前後と大きく減らされ、〇四年度の一般会計予算では約八一六九億円（〇九年度では六七二二億円）にとどまった。すでに経済成長著しい中国への援助は、批判にこたえて環境案件に集中するなどの措置がとられている。加えて今回の訴訟だ。これで負ければ、さらなる逆風である。政府側では、法務省、JBIC（国際協力銀行）、JICA（国際協力機構）、ダム計画の立案・遂行を行った東電設計が、それぞれ弁護団を組織し、対応に余念がない。

なぜ、住民不在なのか

以下では、原告側、被告側の主張と、被告の日本政府やJBICの反論のポイントを整理する。そして、原告側がこの裁判に訴えた真の意図は何かを、訴訟までの経緯や、住民のこの裁判に対する反応、さらには弁護団の構成などから明らかにする。そうすることで、法廷ではわからないこの問題の別の側面が明らかになるであろう。

とくに、八三九六名という原告数は重要である。原告は多くの場合、移転した家族の世帯主（夫）であるとし、原告側が被害者数の多さの根拠としているからである。

結論の一部を先取りすれば、原告の主張にはかなり無理がある。被害者住民の救済という純粋なスローガンは表向きの理由に過ぎず、日本で裁判を起こすことそのもの、つまり鷲見氏らの年来の主張である「日本のODA政策の根本的非民主主義性・非国民主権性の弾劾」をこの裁判で試みることこそが真の目的である。東京での裁判騒ぎに巻き込まれ、右往左往する現地住民の姿には考えさせられることが多い。この裁判を住民不在と私がよぶ所以《ゆえん》である。

興味深いのは、日本側の支援団体と被害者住民を代表する組織との連携であり、そこから見えてきたのは、国際社会のグローバリゼーション化にともなうＮＧＯレベルの協力の実態である。

原告、被告双方の対立点は数多くあるが、まとめれば以下の三つである。第一は、もっとも根本的な問題だが、被害者住民は、実施主体であるインドネシア政府ではなく、資金を融資した日本政府を訴えることができるか否かである。被告の日本政府は、たんなる貸し手に過ぎないので、訴えられる根拠がないとの立場をとっている。

第二は、発電を目的としたダムが計画どおり建設され、成果を生んでいるのかどうかである。原告側は失敗案件と断定し、ダムは「無用の長物」と化していると批判する。他方、被告側は所期の目的どおりに発電量を達成しているとし、主張は真っ向から対立している。

第三は、ダム建設による住民移転の同意及び補償、動植物等環境への配慮が適切になされてきたかどうかである。原告はこの点につき、補償をはじめとしてインドネシア政府の約束はほとんど履行されてこなかったと主張し、被告側は、インドネシア政府により、同意取り付けと補償は行われてきたと報告を受けてきており、仮に瑕疵《かし》があったとしても日本政府に責任はないとする。もっとも、日本政府は移転に際して生じた問題について無視を決め込んでいるわけではない。インドネシア政府に再三にわたり強力に働きかけ、補償の不備を補うインドネシア政府の行動計画を側面から支援していると主張している。

以上のように、原告、被告双方の立場は見事に正反対である。議論を進める前に、問題の理解を助けるために、日本外交におけるインドネシア援助の意義について触れておこう。

インドネシア援助の意義

日本外交にとってインドネシアはきわめて重要だ。アジアの一員としてＡＳＥＡＮ最大の国家で、人口二億二〇〇〇万人を数えるインドネシアと密接な協力関係を築くべきだという教科書的な説明に加え、経済的にも日本はインドネシアなしには立ち行かない。石油・天然ガス・石炭などの天然資源を中心に輸入し、総額では、中国、米国、韓国につぐ第四位のシェアだ。

他方、インドネシアから見ると、日本は最大の輸出国であり、シェアは二割強である。同国のマラッカ海峡は、中東からの天然資源輸送ルートにあたっており、その意味からも、この地域の安定を考えるうえでインドネシアの経済発展は必要である。こうした地政学的なインドネシアの重要性は、戦後の賠償期以来変わることはない。

そのこともあり、日本はインドネシアへのＯＤＡの最大の供与国であり続け、病院、学校、灌漑施設などＯＤＡ全体の約一割が同国向けであった。港湾、ダム、空港など大型の案件に供与される円借款では、累積ベースで第一位である。日本の対インドネシアＯＤＡの重要性は、九七年のアジア通貨危機、九八年のスハルト政権の崩壊でも変わることはなかった。スマトラ州のコトパンジャン・ダムへの融資も、そうしたインドネシアの経済発展に合わせて計画された。

なぜ、日本政府が訴えられるのか

ではなぜ、インドネシア政府に対して融資したに過ぎない日本政府が訴えられなければならないのか、多くの人が疑問を抱くに違いない。鷲見氏はその点について、日本政府の融資という「援助」行為によって人権侵害と環境毀損が生じているのだから、インドネシア政府と日本政府には共同不法行為が成立し、日本政府の法的責任を問うことは可能であるとしている（鷲見一夫『住民泣かせの「援助」』明窓出版）。

具体的には、ダム建設により生じた住民移転にともなう補償の不備について日本政府は、インドネシア政府からの報告、現地調査団の派遣、住民代表の申し入れなどから、現地住民の悲惨な生活状況を十分に把握する立場にあったはずであり、にもかかわらず融資を実行し、継続したことが違法であるというのだ。また、後述する融資の三条件に明らかに日本政府は違反しているとする。

これに対して、被告である日本政府は、被告国の関与が円借款の供与の決定であることを確認したうえで「プロジェクトの実施主体は、あくまでも借入国であり、この点では、本件で問題となっているダム建設にともなう環境影響や移転住民に対する補償等の問題は、法的には、プロジェクトの主体である借入国が解決すべきであって、海外経済協力基金（OECF、後のJBIC、現在のJICA）や被告国が、これらの問題について借入国の国民に対して何らかの法的義務を負担することはあり得ない」としている。

また、「三条件はインドネシア政府に対してODAを供与する際の条件に過ぎないのであるから、被告国に対して原告らとの関係でなんらの法的義務を負担させるものではない」とし、したがって、「インドネシア政府がこの三条件を遵守していないとしても、被告国に何ら違法の問題は生じない」と述べている（被告答弁書、二〇〇三年九月一日）。

どちらの言い分により説得力があるかは裁判所が決めることになる。しかし、次の点は興味深い。被害者住民の組織化を指導したタラタック協会（「支援する会」と協力関係にあるインドネシア側ＮＧＯ）の創設者は、「コトパンジャン・ダムの問題は、インドネシアの国内問題であることから、日本での裁判にはなじまない」と強く鷲見氏に異論を唱えたというのだ。

もっとも、協会全体は最終的に日本政府を訴えることに賛成した。しかし、日本での提訴がいかに常識に反し、奇策に類するかを証明するという意味で、このエピソードは重要だろう。実際、西スマトラ州の二つの村では、七七戸の住民が補償は不十分として日本ではなくインドネシアで裁判を起こした。ということは、冒頭で述べたように、鷲見氏らがあえてインドネシアではなく日本での裁判に固執したことは、被害者住民の救済よりも優先する別の目的があるということになろう。

ダムとスマトラの電力事情

コトパンジャン・ダムの建設計画は今から二五年前の一九八四年にさかのぼる。インドネシア政府から、中部スマトラの電力需要は増加傾向にあり、これに対応する水力発電事業に円借款供与要請があり、日本とインドネシア政府の間で交換公文が締結された。ダム、発電所、関連施設などのために約二四〇億円が貸し付けられた。

ダムは九七年に完成し、発電所は九八年二月に操業を開始した。この事業のために、西スマトラ州、リアウ州の約四九〇〇世帯、約一万七〇〇〇〇人が新たな土地に移転した。移転に対するインドネシア政府の補償は、資産補償、移転先土地・家屋の提供、ゴム園などの無償供与、一年間の生活保証、学校やモスク、村内道路などの公共施設の建設などであった。

日本政府によれば、この地域の電力需要は、八五年の五四二ギガワットアワーから、二〇〇一年には二三九六ギガワットアワーに増加したが、この事業による発電量は四八三ギガワット（〇一年）で、その約二割をカバーした。また、中部スマトラの電化率は、発電を開始する前の九四年の二九・四％から、〇一年には、四五・五％に向上したとして、ダムが明らかにスマトラの電力事情の改善に寄与したと主張する。

コトパンジャン・ダムを望む

問題は、ここからである。第一の争点は建設されたダム事業の評価だ。被告の日本政府は、事業は成功したと主張するが、原告及び日本のNGO「コトパンジャン・ダム被害者住民を支援する会」（以下「支援する会」）はこれを完全否定し、発電量は当初予定のわずか一五％にとどまっており、ダムは「無用の長物」だと批判する。鷲見氏は次のように書いている。

「二〇〇〇年九月に筆者がダム・サイトを訪れた際には、堤体での水位は、約七五メートルで、最低水位（七三・五メートル）を幾分上回っている程度であった。現場技術者の話では、三つの発電機のうち一基が稼動しているにすぎず、一七メガワットの発電量にとどまっているとのことであった。」

「前記の訪問の時期は乾季であったために、翌年の雨季（一月と五月）に再び現地を訪れてみた。しかし、事態には大きな変化はなく、幾分水位が高まっている程度であった。そのため、三つの発電機がフル稼動している気配はなかった。」

そして水位低下が続けば、発電の全面停止という事態になりかねないと地元紙が九月一七日に報じたことを根拠に「このような水位低下の状態の下では、三基の発電機をフル稼動できないことは歴然としている。それにもかかわらず、ＪＢＩＣでは、計画発電量（一一四メガワット）の八〜九割が発電できているとの虚言を弄している」と手厳しい。加えて、仮に、発電が地方の電化率の向上に多大な貢献をしているというのなら、なぜ、借款の返済が繰り延べられているのかと疑問を呈する（鷲見一夫『住民泣かせの「援助」』）。

こうした指摘に対して日本政府は、ダムの水位には乾期と雨期による季節的な変動はあるが、継続的な低下はないこと、発電量は電力重要に応じて時間あたり、ピーク時には設計上の最大出力である一一四メガワット、オフピーク時には需要にあわせて発電量を落としていると反論している。また、二〇〇二年六月の時点で貯水池の水位は、最大水位八五メートルに近い八二・七メートルであり、二〇〇三年一月には、八三・二五メートルであったこと、同時期にいずれも発電機は三基とも稼動していたこと、発電出力は、インドネシア電力公社（ＰＬＮ）の統計資料をもとに、対設備容量比九一％である一方、二〇〇二年の年間発電量である約五七八ギガワットアワーを超えるとしている。

いったい原告と被告、どちらの言い分が正しいのだろうか。複数の専門家に聞いてみた。

順調な伸びの発電量

日本ダム工学会の元会長だった大根義男氏（愛知工業大学特任教授）は、「鷲見氏の指摘は、抽象的で科学的根拠に欠ける」とし、大根氏と同意見だという電源開発の元職員平塚昭隆氏は、次のように私に直接話してくれた。

「鷲見氏訪問時の数字はそのとおりだろう。しかし、ダムの発電量はさまざまな要因で決まる。このダムの場合、完成後まもないので、水を貯めながら発電しているし、需要が少ないとか、乾期だとか、さまざまな要因が考えられる。絞って運転することは、完成後まもないダムではしばしばある。現にその後は、順調に発電量は増えている。このダムは貯水池が大きいので、貯めるのに時間がかかり、たとえ雨期であっても、発電しているので満水にはなりにくい。しかも、このダムは八五メートルと低いので、川の勾配がゆるやかで貯水池自身大きいはずだ。したがって、水位を一メートルあげるにも時間がかかる。」

こうした理解は、エンジニアであれば常識なのだそうだ。もちろん、ダムのプロなので建設推進派（日本政府側）に都合のよい説明をするはずだとの批判はありえる。しかし専門家の判断は、それ以前の鷲見氏の基本的な技術的知識に対するものである。

なぜ、これほど原告側や「支援する会」が、技術者から見れば簡単に論破できるような「証拠」をあげて、ダムは欠陥と主張しなければならないのだろう。

理由は簡単だ。ダムそのものが欠陥品であり、加えて住民らの移転や補償が大問題だというのと、ダム事業は成功したが、しかし移転や補償に問題があったというのでは、原告側の社会へのアピール度が違ってしまうからだ。それに、補償では実施の程度が争点となり、判断が分かれる問題となるからでもあろう。

さらに原告側は、欠陥ダムの建設でインドネシア政府に不必要な債務を膨らませ、結果的に日本の不良債権を増大させたと主張したいのだろう。その意味で原告側にとってダムは欠陥品でなければならないのだ。この点は、「支援する会」の裁判目的は何かを考えるうえできわめて重要だ。

われわれも取材の過程で、九七年以降の発電量の地域別実績や、売電量の変化を記したＰＬＮのデータを入手したが、それによれば、リアウ州、西スマトラ州を含む第三地域での販売電力量は、九九年に一八九〇ギガワットアワー、〇〇年に二一八一ギガワットアワー、〇一年には、二三九六ギガワットアワーに達している。順調に伸びていることがうかがえるデータだ。したがって、原告側がこのデータそのものが捏造されたものだと証明しない限り、発電に関する主張は、日本政府側に分があるようだ。

興味深いのは、技術的な観点、数字のうえでの反論は難しいと考えたのか、原告側の発電に関する批判の根拠は、もっぱら、ダム事業の計画自体が、スハルト・ファミリーのために考えられたものという建設の動機に割かれている。九八年五月にスハルトが失脚したので、ダムは不要のはずだというのだ。しかし、ここでもファミリーが、華僑《かきょう》系財閥とともにリアウ州で農園を造成し、農園加工業の育成をはかろうとし、そのために加工用電力を必要としたことなどをあげてはいるが、それでは証明しているとは言いがたい。仮に、動機に原告側が指摘するような面があるとしても、現在の電力需要の高まりを否定するものではない。

さらに、このダムが地方電化率の向上に貢献しているのなら、なぜ返済が繰り延べられているのかという指摘にも反論は容易だ。たしかに、据え置き期間の一〇年が過ぎ、元本の返済ははじまっていた。しかし、九七年の通貨危機後の経済的混乱の後遺症もあり、インドネシアについては九八年から断続的に債権国会議が行われ、日本はドイツ、フランスなどとともに、コトパンジャン・ダムを含むいくつかの案件について返済条件の変更などに応じたのである。こうした返済の仕組みについてはＯＤＡの関係者の間では常識であり、専門家である鷲見氏が知らないわけがない。

移転同意のとりつけ

第三の対立点は、移転住民の同意と、補償の内容、それに実施である。移転対象数そのものも、原告側は約五〇〇〇世帯、二万三〇〇〇人とし、日本政府は約四九〇〇世帯、約一万七〇〇〇人とし、対立している。原告側は案件の社会的影響を少なくするために、日本政府は少なくみていると批判する。

問題の住民移転はどうだろう。原告側は、それまでの円借款案件とは異なり、コトパンジャン・ダムでは、借款契約に移転合意など「三条件」が盛り込まれたのに、それが履行されず、大きな被害が移転住民の間に生じているとする。

他方、被告の日本政府は「三条件」について、仮にそれらが守られなかったとしても、責任はインドネシア政府にあり、日本政府には法的責任は生じないという立場をとっている。

三条件とは、「第一に、事業対象地に生息するすべての象を適切な保護区に移転するようにしなければならない。第二点、事業により影響を受ける世帯の生活水準は移転以前と同等かそれ以上のものが確保されなければならない。第三点は、事業により影響を受ける世帯の移転合意は公正かつ平等な手続を経てとりつけられなければならない」というものである（一九九九年五月一七日、参議院行政監視委員会）。そして、日本政府は、一九九一年一月までにリアウ州の四一五二戸、西スマトラ州の七三四戸から同意をとりつけ、一九九八年七月末で全体の九九・七％が補償金支払い済みと、一九九一年九月二三日にインドネシア政府より報告されたことを根拠に、移転は順調に行われたとの立場をとっている。

他方、原告側は、そもそも住民自身はダムの建設に反対であり、移転への同意はありえないとの立場だ。住民代表によるジャカルタの日本大使館への抗議、外務省、ＯＥＣＦ、日本の国会議員への建設撤回の働きかけが、その根拠だ。

にもかかわらずインドネシア政府は、同意取り付けを形式的に整えるために、個々の住民の同意に代えて、各村の指導者の同意で条件を満たすこととし、指導者への説明を行った。そして、その場で、一人あたり一五万ルピアの署名報酬を配ったという（訴状より、二〇〇二年九月五日）。

一九九一年九月一日には、ジャカルタで政府機関や国会などに対し、補償同意書は代表を名乗る一部の人びとにより行われたこと、再定住地は住民との協議なしに政府が一方的に建設したことなどを訴え、建設計画の白紙撤回などを主張したという。

ただ、こうした経緯が事実であったとしても、抗議行動が住民全体の声を反映していたかどうかは疑問である。村を歩けば、原告側とは一線を画する住民を見出すことは容易だった。移転が強制されたとの主張を否定するかのように、ムアラ・マハット村（リアウ州）の住民らは、複数の候補地を政府が示し、もっとも条件のよかったこの場所に決めたと述べた。彼らはインドネシア政府に対する不満も口にしたから、この点について嘘を言ったとは考えられない。

住民移転のその後

ダムの建設によって湖底に沈む一〇ヶ所の村、四八八六戸の住民は、一部住民の反対運動はあったものの、一九九六年二月までに、リアウ州の一四の村、西スマトラ州の二つの村に移転した。

問題は、インドネシア政府が約束した土地家屋の無償供与、二ヘクタールのゴム園の無償供与、村ごとに小学校二校、モスク二ヶ所、井戸を二世帯に一本、それに幹線道路と村内道路、ディーゼル発電、村内配電網といった公共施設、移転後一年間の、コメや灯油の生活保証などが円滑に行われたかどうかである。

残念ながら、この約束は完全に履行されたとは言いがたく、インドネシア政府も追加の措置をとらざるをえなかった。日本政府もそれを認めている。

途上国への支援は、あらゆる困難をともなう。気候、風土、文化、言語、行政、政治制度など、異なる環境のもとで相手国の人びとと協力して行う困難な事業であるから、国内の基準をあてはめて成果を問うことは適当ではない。

日本国内においてすら、大型の経済インフラ事業では、古くは成田新東京国際空港や吉野川河口堰、最近では八ッ場《やんば》ダムなどの事例を出すまでもなく、建設の過程で住民移転や環境破壊の問題が生じてきたし、最後まで関係者全員が満足し、合意に達することはありえない。したがって、公共事業の海外版であるODAによる大型の経済インフラ建設では、途上国というハンディと、大型というプロジェクトそのものの性格から来るハンディの二重の困難をともなっている。

しかも、途上国はいわゆる統治能力が脆弱であり、行政の非効率性や中間搾取（いわゆる、ピンハネ）、賄賂の類が目立つ。他方、権威主義的な政治体制下では、政策決定の過程や実施の過程で住民参加は制限され、ときとして人権も損なわれてきた。こうした傾向は、九八年の政変以降、住民パワーが爆発し、民主化が進むインドネシアにおいても残存している。

人間の安全保障、つまり、個人の生活が脅かされないことが重要だという今日の援助の考え方からすればあってはならないことだが、補償がピンハネされて不十分だったり、期日までに約束が履行されないことは、途上国ではそれほど珍しくない。

住民側にも問題はある。移転住民への補償が行われることが明らかになると、補償目あてにその土地に移り住む人びとがいる。円借款により建設されたタイのレムチャバン港でも、フィリピンのバタンガス港でも同様であった。ならば、そうした一連の不正が行われないように、日本政府が直接、監視すればよいという声も聞こえてきそうだが、それは難しい。ODAは内政不干渉が原則である。したがって、今回、実際に行われているように、インドネシア政府が住民に約束した内容を履行するように、日本政府が強く働きかけるというのが最善策ということになる。

日本政府の努力

このように書くと、そこまでしてODAを供与する必要があるのかという疑問が浮かんでこよう。疑問への答えは、補償の不備など短期的なマイナス面を上まわるプラス面がこのプロジェクトにあるかどうかによろう。コトパンジャン・ダムでは、すでに述べたように、発電量が確保され、インドネシアの人びとの生活や経済に役立ち、それは、アジア経済全体の発展にも寄与するのだから、プラス面は間違いなく大きい。あとは、どのような手段でマイナス面を減らすかである。具体的には、プロジェクトを推進中に生じたさまざまな不具合を、完成後にインドネシア政府と日本政府がどのように協力し、調整し、当初の予定どおりに実現するかである。日本政府を訴えても、マイナス面がただちに解決できないことは、言うまでもない。

円借款の実施機関であるＪＢＩＣでは、一九八七年以来、完成したプロジェクトの効果の持続、あるいは一層の向上のために、援助効果促進調査とよばれるスキームを有している。開発途上国での大型インフラ事業は、前述のような理由から、困難が多く、当初の目的が必ずしも予定どおり達成できないという前提に立つからだ。今回も、これをもちいて、補償の過程で生じた不備を補うプロジェクトのフォローアップのための措置をとってきた。

それらの調査の結果を、すでに州政府と西スマトラ州の二つの村の住民が行ってきた、水供給施設整備やゴム園整備などの協議に反映させ、二〇〇三年度には予算が組まれ、行動計画が実行された。リアウ州では政府と議会の対立もあり、行動計画に関して州政府と住民とは合意に達していない。しかし、同州政府は過去四年間、上水道の整備やゴム園の整備などで改善措置をとっている。徐々にではあるが、全体としてマイナス面は減っているのだ。

これらの改善策について協議が開始されたのは、二〇〇〇年七月だから、原告が裁判に訴える二年以上前のことだ。つまりインドネシア政府も日本政府も、以前から問題が生じていることを認識し、改善策を協議していたことになる。

もし日本政府がプロジェクトのマイナス面に適切な措置をとらなかったのならば、批判されてもやむをえないだろう。しかし、九八年五月の政変以降、政権交代や地方分権の推進などの政治混乱が続くなか、問題解決に向けて取り組んできたことは明らかである。

にもかかわらず、訴訟が起きたということは、移転住民にとって何が不満だというのだろう。問題は、その不満が、住民の限度を超えたものだったかどうかである。

JBICが行った援助効果促進調査（〇二年から〇三年はじめ、現地NGOが調査）によれば、移転住民は移転補償、ゴム園、雇用の状況をとくに関心事項だとし、ついで家屋の状況、道路状況、電力供給に関心がある。つまり、これらの問題の現状に住民は必ずしも満足しておらず、解決策を期待している。

とくに、政府が住民に約束した補償額が低く、一部住民からは補償金を受け取っていないとの不満も聞こえてきた。もっともこの種の調査では不満がより多く表出する傾向があり、取材では、けっして少なくない住民が、状況は厳しいものの、移転後の生活がよりよくなりつつあるように思われた。

ところが、不満をもった住民のうち、スハルト政権が倒れた一九九八年以降、タンジュン・バリット村の一〇世帯、タンジュン・パウ村の住民六七世帯が、補償が不十分として県知事、土地収用委員会を相手に裁判所に提訴した。地方裁判所の判決はバリット村については、四七区画のうち三区画を追加補償の対象とし、パウ村については、六七世帯の総額一一億四五〇〇万ルピア（約一億六〇〇〇万円）の損害補償請求額のうち九世帯分、一三六二万五〇〇〇ルピア（約一九〇万円）（鷲見、前掲書）が認められた。住民はこれを不満とし最高裁に上告した。

メディアの見方

具体的に住民は、どのような生活を強いられているのだろうか。原告側訴状や、そのもととなった鷲見氏の主張から受ける印象は暗く、読むのがつらくなるほど悲惨だ。しかし、われわれが行った現地取材（計八村）から見れば、原告側の描いた移転住民の生活は、負の側面を強調しすぎている。誤っているとはいえないが、それは真実の一部に過ぎない。

この問題をとりあげたメディアの報道も著しくバランスを欠いている。コトパンジャン・ダムを特集したニュース番組（TBS「ニュース23」、二〇〇二年七月三〇日放送）では、現地を案内し、コメントしているのが鷲見氏なので、原告側の主張そのものになっている。住民の移転数も、原告側が主張する二万三〇〇〇人を使っているうえ、紹介された三組の移転住民の状況はもっとも生活困難なケースをとりあげたものでしかない。

現地を見れば明らかだだが、鷲見氏の叙述は全体像を表してはいない。町に出かけ、新たな現金収入の道を模索するなど移転住民は自助努力に懸命であり、政府から提供された家を改築して住んでいる住民も少なくないのだ。

しかし、映像の影響力は大きい。よほどODAについての予備知識がない限り、多くの視聴者が日本の援助は問題だらけだと思ったはずである。番組は影の部分だけにひたすら焦点をあてており、結果的に視聴者を一方向に誘導したであろう。その意味で、ODAが歪んだ形で紹介された典型的な番組である。

この番組にも登場し、インドネシア政府の補償が不十分だと批判したタンジュン・パウ村の村長、ダルペン氏がわれわれにメディア取材のからくりを説明してくれた。

メディアの取材には、番組で紹介された、ＯＥＣＦの融資による、使用されていない井戸などの問題のあるところや、とくに貧しい家を案内するコースがすでに用意されているのだそうだ。ＴＢＳの取材のときも、まったく同じコースだったという。

番組の最後には、ダムは不要だとする鷲見氏の主張を裏付けるために、顔にモザイクをかけたＰＬＮ職員と称する男性がカメラの前に立ち、発電機は三台とも稼動することはないなど、鷲見氏の主張をなぞった。しかしその見方は、すでに明らかにしているように、専門家から技術的に根拠がないと否定されている。問題なのは、視聴者が番組の言い分を鵜呑みにした可能性が高いことだろう。

私たちの見方

●コト・マスジット村

鷲見氏によれば、土地配分に対する住民不満が渦巻いているという。くじ引きでゴム育成に不適な土地を割り当てられた生活再建のめどが立たない住民、ゴム、バナナ、レモンそれに養殖池を造成したものの、家族五人を養えず、生活補償金も途絶えて出稼ぎを余儀なくされた住民の例などが紹介されている。これだけ読むと、息も絶え絶えの住民の様子を想像してしまうが、実態はずいぶん違った。

幹線道路沿いで出会って取材に答えてくれたマスリエンさん（四二歳、男性）の家は、一年前に建て替えたばかり。収入源を聞くと、養殖と家の前の道路で営んでいる日用雑貨店からの売り上げが主で、移住時に政府からもらったゴムの苗木は、委託した業者の手抜きで失敗したので、改めて配給されたものを育成中という。

政府に提供されたダハランさんの家

偶然発見した粗末な家を訪れると、顔をニコニコさせたダハランさん（六七歳、男性）が迎えてくれた。家の周囲に鶏三〇羽とアヒル三〇〇羽を飼い、それに四つの養殖池がご自慢だ。前の生活と比べて、今の生活はどうかと聞くと、「本当によくなった。昔の村には電気もなかったし、本当に貧しかった。石切りなど、生きるためには何でもやった。でも今は生きていくのに困らない」。
ならば、インドネシア政府は補償などの約束を守ったのだろうか。「たしかに、移転前の約束と現実は違っていたよ。けれども、ゴム園は〇・八ヘクタールしかもっていなかったのが、政府からは二ヘクタールもらったし、菜園用土地では養殖もやっている」。

政府が用意したゴム園。幼木しか育っておらず、収穫にはまだ数年かかるという

●ルブック・アグン村

鷲見氏は、この村は再定住地として政府が用意したものではないので、村のインフラ施設への政府支援はないとし、学校、保健所などの公共施設はいまだに整備されていないと書いている。ところが、村に入ってすぐ気づいたのが小学校の建物であり、聞けば、もう五年になるという。途上国でよく見る巡回診療（病気の村人には無料で薬が配られる）も役場の一室で行われていた。二週間に一度の割合で、移転以来続いているというから、氏の観察とはずいぶん違う。

●ラナ・スンカイ村

「居住条件は、劣悪そのものである」と鷲見氏が書いたこの村は、たしかに、パラボラアンテナや電気の引込み線が見える一方、無人の家も多く、道路もガタガタだ。話を聞けたアナスさん（五〇歳、男性）によれば、土地補償も完全には受けていないし、電気無料も嘘、ゴムの木も植えられていなかったという。抽選で遠くに割り当てられたゴム園は二年後には収穫できるが、道が未整備で、動物に荒らされてしまうと不満は強い。

では、一番の願いはと聞くと、「日本政府が悪いとか、インドネシア政府が悪いとかの問題ではなくて、今の生活をなんとかしてほしい」と明快だった。今すぐ支援がほしいのだ。

●タンジュン・パウ村

前述したように、一部住民がインドネシア政府などを相手取り、損害賠償請求を行ったのが、この西スマトラ州の村である。ゴム園には苗木も植えられておらず、とくに飲料水問題では、円借款で建設された井戸がほどなく使用できなくなり、事態は深刻だったようだ（二〇〇〇ヶ所の井戸はインドネシア側が用意するはずであったが、資金難から日本が一八ヶ所の井戸を支援し、それに不具合が発生した）。そのこともあり、インドネシア政府、西スマトラ州政府の支援は、行動計画にもとづいて積極的に行

村全体に水を供給するための簡易水道タンク（上）と各戸に備えられた給水口（下）

われつつある。

村長のダルペンさん（三二歳、男性）に話を聞いた。彼は、前述のＴＢＳ「ニュース23」がコトパンジャン・ダムを報じた際、その案内役をかって出た人物だ。今では、急進的なやり方についていけなくなり、訴訟を住民側から支える闘争協議会とは距離を置き、政府側と協力して行動計画の実施に力を入れている。

彼の目下の悩みは、ゴムや牛をいかに住民の不満を少なく配給するかだという。すでに、道を隔てたタンジュン・バリット村同様に、水色も鮮やかな簡易水道タンクが整備され、各戸に水道が引かれている。その真裏にある家の子供を抱えた若い女性は、これだったら料金を払ってもいいと喜んでいた。

公平さのためにほかの住民にも聞いてくれとのダルペンさんの助言で、飛び込みで会ったアニィさん（七三歳、女性）は、畑が前より遠くなったとはいえ、電気が来たことを喜び、ヌルマさん（三八歳、女性）もアニィさんも、前の村には、ダムが撤去されても戻りたくないと言っている。

●ポンカイ・バル村
けっして大きいとはいえないが、周辺の家には見かけないガレージ付きのピンクの家に住むシャフルル・ゼインさん（三八歳、男性）が、ポンカイ・バル村の村長だ。

彼の怒りようはすごい。鷲見氏の指摘どおりなのだろう。補償金も水道も家もゴム園も、すべてインドネシア政府の約束違反という。州政府も調査に来るばかりで、実際には支援が来ないと不満は爆発寸前だ。

移転する前の村は、電気もなかったが、ここよりましだとも言う。実は彼は、闘争協議会の村代表でもある。どうりで批判一色なわけだ。「俺が死んでも、住民は日本を訴訟し続けるだろう。日本は支援するなら、直接村へよこさなければならない。村まで下りてこないのは、日本のせいだ」と、理屈を通り越した要求である。

ところが、この村長、必ずしも評判がよくない。そのあとインタビューに答えてくれた六五歳の男性と、四〇歳のその奥さんは、子供を抱えているので生活は苦しく、昔のほうがよかったと述べつつも、ゴムの苗木を分けるときに、村長は最初にいいのを選んで自分の畑に植えたとか、選挙でも投票を強制したり、不正をやって当選したとか、いつのまにか不平不満は住民のために働いているはずの村長に向かってしまった。

●コト・トゥオ村

鷲見氏によれば、コトパンジャン・ダム訴訟の象徴的な村とのことだ。政府関係者と村落指導者の腐敗で補償を受け取れなかった住民が多く、そのために政府不信が強いのだそうだ。署名集めに立ち上がったのも、この村人たちが最初であった。

三八歳のある男性の胸中は、複雑ながらも前向きだった。「経済的にはここでの生活は厳しい。

でも、電気とか交通の便、洪水の心配もなくなった。今の生活が苦しいのはゴムの木の収入がないからだけど、あと一年で収穫できるようになる」と答えてくれた。そして、移転時の補償の不公平さが、住民同士の信頼関係を失わせてしまったが、今からでも補償がきちんとされれば、この問題は解決すると付け加えてくれた。

●タンジュン・アライ村

この村には、二〇〇三年九月一一日に原告代表として来日し、第二回の口頭弁論で住民の窮状を「キャッサバで命をつないでいる」と説明したアミル・マーン氏（闘争協議会の人民代表部議長）の家がある。残念ながら、不在で本人には会えなかったが、彼の家は裕福そのものだ。携帯電話受信用のアンテナがあり、水場はタイル張り、洗濯機や大型テレビに、ガレージまである。スマトラの田舎の生活を知る者からすれば、まさに想像を絶する天国だ。

移転先の豪華な家

もっとも、周辺にも改築を進めている家が多く、全体としてみれば、極貧に喘いでいるとはとても思えない。それにしても今回の取材では、概して村長や闘争協議会関係者の家が裕福に見えたが、錯覚だろうか。

いったい何をなすべきなのか

以上のように住民の間に、政府への不信と現状への不満があるものの、その感じ方にはそうとうな開きがあることがわかった。また村によっても状況には差があるようだ。しかし、なかには自助努力の結果なのだろうか、豊かな暮らしを築いている住民もいる。何より、貧困が続いているならあり得ない住居の改築が、各村で見られたのである。

では、多くの住民が抱える不満や課題にどう対処すべきなのだろうか。選択肢は二つある。一つは、インドネシア政府や日本政府が進めている方法である。前述したようにインドネシア政府も問題を認め、追加の措置をとりつつある。日本政府も、援助効果促進調査などを実施し、側面支援を行ってきた。西スマトラ州では行動計画に沿って改善が進みつつあり、リアウ州でも行動計画の完全合意には達していないものの、個別に予算措置を講じてきている。これが住民の生活改善に直結していることは、タンジュン・パウ村などの例が示している。

二つは、原告団及び「支援する会」などが行っている、裁判に訴える方法である。原告の請求は、住民に多大な被害を、また重大な環境破壊をもたらしたコトパンジャン・ダムの撤去か、それが受け入れられない場合の補償の完全な支払いの二つを日本政府がインドネシア政府に勧告することにある。それに、原告一人あたり五〇〇万円の賠償金支払いであった。

この二つのうち、どちらが住民の実際の生活にとってより早く役立つかである。取材した住民の多くは、インドネシア政府や日本政府を訴えることに批判的であった。象徴的なのは、インドネシア政府に対する提訴のリーダー格であったタンジュン・パウ村のダルペン村長が、日本政府への提訴は自分たちの生活改善につながるものではないとして鷲見氏と袂を分かったことだ。その彼が、日本政府提訴を推進した前村長を破って当選したのだ。これほどに住民の意思を表すエピソードはない。そのダルペン氏は、「本当に日本のNGOがわれわれ住民のことを考えているというのなら、行動計画に賛成するはずなんだけどね。日本の裁判に原告側としてNGOに招待されるぐらいだったら、そのぶん、現金でもらったほうがいい」と率直に語る。

現実に、原告団は組織されて裁判がはじまった。理由は明快だ。原告団を支援する日本のNGOは、なにがなんでも訴訟を起こさねばならないのだ。訴状が言うように、現地住民の怒りと怨嗟《えんさ》の的となってきた日本のODAの現状を、コトパンジャン・ダムを例に日本政府に責任追及することが彼らの目的なのだ。したがって、まず、ダムの建設で生じた住民生活の破壊や自然の破壊を弾劾することが重要となる。この住民救済よりも政府の責任追及を優先するという姿勢は、「本件のような誤ったODAを許してきた日本のODA政策の根本的非民主主義性・非国民主権性の弾劾だ」との記述にも表れている。

こうした目的がある以上、インドネシア政府の行動計画や、JBICの援助効果促進調査を認めるわけにはいかない。住民の間では、それらがゴム園の造成や井戸の失敗を覆い隠すJBICの焦りと受け止められ、裁判を中止させるための住民へのアメと見られていると鷲見氏は書いている。住民はインドネシア政府などの改善努力を冷ややかに見ているというのだ。それは、なによりも冒頭で触れた八三九六名の原告団による署名が物語っていると言いたいのであろう。ところが現地取材では、署名集めでとんでもない騒動が起きていた。

住民を不愉快にした署名集め

異例ともいえる日本での提訴は、なぜ実現したのだろう。鷲見氏が、当初は消極的だった現地NGOのタラタック協会を説得したことは、すでに述べた。鷲見氏は、円借款でインドネシア政府が建設したダムで住民や環境に被害が生じているのだから、日本政府の援助は人権侵害と環境毀損の点でインドネシア政府と共同不法行為を構成していると主張する。タラタック協会も最終的にこれを受け入れ、二〇〇一年一一月には、一〇の村の村民代表からなる「コトパンジャン・ダム被害者住民闘争協議会」の結成を指導した。そして、この協議会が住民に裁判への参加よびかけを行ったのだが、その働きかけは強引そのものであった。

住民は五〇〇〇ルピアか一万ルピア（それにカラー写真代も）を支払って署名し、その引き換えに会員証を入手すれば、日本政府から二ヶ月後に莫大な支援金がもらえると言われて誘われたのだという。その金額が凄い。タンジュン・パウ村では一人あたり三五〇〇万ルピア（約五二万円）、コト・トゥオ村では六〇〇〇万ルピア（約八四万円）、タンジュン・アライ村では五〇〇〇万ルピア（約七〇万円）といった具合である。これらの金額は、インドネシアでは四〜五年、働かずに暮らせる額だ。

タンジュン・アライ村の兄弟（二四歳、二二歳、二〇歳）もそれにまんまと乗せられた口だ。「会員登録したい奴は、今すぐ金を置け」「登録は今日だけだぞ」と言われ、一人一万ルピア払って会員になったが、顔写真などの撮影費用や町までの交通費を入れると五万ルピアの出費になったという。そこまでしたのに、日本からはお金が来る気配がない、と彼らは訴える。なかには、二ヶ月後支払いという支援金をあてにしてローンでバイクを買ったりした住民もいたという。

よく考えれば、そのような「出来過ぎの話」はありえないのだが、タンジュン・パウ村のダルペン氏は「教育を十分に受けていない者は、本当か嘘か判断がつかないんだ。お金が手に入るって言えばサインするよ」と苦々しげだ。

他方、闘争協議会の村長を批判していたポンカイ・バル村の夫婦は、「一人五〇〇〇ルピア払わせられたけど、何の役に立つのか説明はなかった。住民は全員入るものと思っていた」と不満顔だ。原告数が八〇〇〇名を超えるのだから、闘争協議会に流れた会員証発行のための手数料も、総額では大きな額になる。

もちろん、純粋に闘争協議会の主張に共感して署名した住民もいるだろう。しかし、署名自体が正確さに欠けると言われている。その点を、闘争協議会のシャフルル・ゼイン氏にぶつけると、当然のことながら、言下にそれを否定した。それでも、ある村では、なぜか、闘争協議会の署名集めが真っ盛りのころに住民台帳が消えてしまったというし、子供、それも赤ん坊の名前や偽の署名もあると多くの住民が指摘した。話半分としても、このような疑いをかけられていることこそ原告団そのものの信頼性を疑わせるものだ。

ＮＧＯもさまざま

ここまでの議論で、日本政府を相手取った前代未聞の訴訟は、日本の一部の過激なＮＧＯが主として自分たちの主張のために、現地で裁判の必要性を訴え、それに呼応した現地ＮＧＯと一部住民が起こしたものということがわかった。ブキティンギでようやく見つけたタラタック協会のオフィスで、コーディネーターであるジョニイ氏は、鷲見氏とたびたびコンタクトをとっていることを認めたうえで、同論旨の日本政府非難を展開した。

一九七〇年代の大学紛争が外部勢力によって主導されたことを髣髴《ほうふつ》とさせる状況なのだが、それと今回の一件との最大の違いは、グローバリゼーション時代にふさわしく、国境を超えて起きた現象だということだろう。この活動が、真に多くの住民のニーズにこたえるものであるならそれもよい。しかし、すでに述べたように、送られるはずのない日本政府の支援金を巧みにちらつかせながら署名を集め、それが実現しない今、住民の間に闘争協議会やタラタック協会への不信を生み出してしまった。問題をよりよい方向に進めるどころか、かえって複雑化させてしまったのだ。

現地取材に加え、「支援する会」の実態を調べていくうちに、彼らの目的が、住民の救済とは別のところにあるのではないかという疑いを一層強くした。とにかく、この問題を離れても、政府批判で急進的な人びとが弁護団の中心なのだ。

インドネシアの被害住民が闘争協議会を結成した直後の二〇〇一年一二月、日本では、弁護団を含む応援団のNGO「コトパンジャン・ダム被害者住民を支援する会」が立ち上げられた。代表の鷲見氏以下、そうそうたるメンバーが名を連ねるが、目的は、裁判の精神的、財政的支援、それに協力の輪を広げることだ。

ホームページでは、原告の住民三、四名の裁判参加費用として、一人あたり約二〇万円の募金をよびかけている。ずいぶん高い気もするが、それよりも興味深いのは、「支援する会」を率いる中心メンバーの裁判歴だ。代表の鷲見一夫元東京国際大学教授を裁判で支える弁護団団長は早大闘争時代の三派系全学共闘会議議長であった大口昭彦氏である。名を連ねる浅野史生氏、河村健夫氏と大口氏は、国鉄分割民営化に反対して解雇された国労組合員の解雇撤回裁判の弁護団仲間だ。浅野氏はまた、成田の三里塚闘争の顧問弁護士としても知られる。いずれも名だたる人権派弁護士として弱者の味方に立つ。

ならば、なぜ、ダルペン氏のような、現実的な声を代表する主張を無視するのだろうか。インドネシア政府や日本政府に妥協的な態度を示すことは、絶対に許さないということなのだろうか。とすれば、日本政府を批判するためには、何の材料でもよく、今回はたまたま材料がODAのコトパンジャン・ダムであったに過ぎない、と考えてしまいたくもなる。

彼らに加えて、動物自然保護など自然の権利擁護に取り組むグループが、ダム建設で立ち退きを強制されたスマトラ象やスマトラ虎を救済しようと弁護団に参加している。国際的に注目されているこうした動きについて、コトパンジャン・ダム訴訟を機に、裁判所の判断をたしかめようということだろう。その趣旨は理解できるが、住民にとっては優先順位の低い問題であることは間違いない。

ホームページのリンク先からも「支援する会」の性格がうかがえる。「平和と民主主義をめざす全国交歓会」や「週刊MDS」などがのっており、開いてみると、「自衛隊は今すぐイラクから撤退しろ」や、ファルージャ虐殺に抗議する普天間基地包囲の画像が飛び込んできた。

ODA関連のNGOへのリンクも政府への厳しい批判を展開してきたところが目立つ。その一つであるアジア太平洋資料センターの理事には、当初コトパンジャン・ダム訴訟支援で奔走した村井吉敬上智大学教授の名がある（当時。現在は早稲田大学アジア研究所客員教授）。彼はまた、インドネシア民主化支援ネットワークのメンバーとして、前章で取り上げたビリビリ・ダム建設には批判的であり、読売新聞にもコメントを寄せている（読売新聞二〇〇六年一〇月六日）。

歪められた報道

世間の風の流れは、NGO、とくにODAを含めた国際協力関連のNGOにとって順風だ。税制上の優遇措置などまだまだ不十分だが、財政的支援、政策過程への参加など、政府とNGOの関係は以前に比べて格段に改善している。ようやく、ほかの援助国とNGOとの関係に近づきはじめつつある。

実際、国際社会の援助の現場において、NGOの存在なしに語ることはもはや不可能だ。政府や政府機関よりもはるかに住民に近いところで活動するために、NGOの情報は新鮮であり、行動力も小まわりが効くという意味で抜群だ。世論もそうした点を評価しているのか、活動が理解されやすいのか、政府レベルのODAよりもNGOに総じて好意的だ。もちろん、NGO側には、政府の政策の効率的実施に使われるだけでは敵わないとの不満はある。

問題は、NGOの活動の実態と資金の流れの透明度だ。いわゆる特定非営利法人の認可を受けたNGOはもちろん、政府の補助金を受領している団体は情報の開示を求められる。したがって、活動内容との整合性をチェックできる。ところが政府とは一線を画し、政府資金を利用せず、農村開発や医療援助などのプロジェクトの実施も行わないNGOの活動は、実態がわかりにくい。今回の「支援する会」のようなアドボカシー（権利擁護の主張）を主たる活動とする一部のNGOはとくにそうだ。

こうした団体は、メディアの注意を引くことに長けている。争点を発掘して世論に訴え、政府に働きかけるという彼らの手法からすれば、人びとへの伝達はメディアの活用がもっとも効率的だ。前述した「ニュース23」が典型だが、テレビや新聞の主要な機能は権力批判だから、こうしたNGOから住民移転などの情報を提供されると、彼らの主張を十分に検証せずに、そのまま報じてしまいがちだ。ここでも、政府は間違っていて、NGOの言い分は正しいという、思い込みに近いNGO神話があるのかもしれない。
結果的に不具合ばかりが誇張され、日本のODAの実像からは乖離した、不十分な情報にもとづく報道が行われてきた。メディアの力は巨大である。これでは仮に問題を改善しようという意欲が政府側にあったとしても、失われてしまうのではないか。以上のように、コトパンジャン・ダム裁判は、日本政府の責任を問う方向に注目が集まっているが、こうした日本のNGOの質をも問う裁判であることがはからずも明らかとなった。

【追記】二〇〇九年九月一〇日、本訴訟に関して東京地裁は、住民の移住及び補償の問題は借り入れ国政府（インドネシア）の内政上の問題であり、日本国政府及びJICAは、原告インドネシア住民との関係で法的義務は負わないなどとして原告の訴えを退けた。原告側はこの判決を不当とし、控訴の方針である。また、この判決を受けたテレビ朝日のニュース番組「報道ステーション」（九月一〇日夜）の番組内容に対して外務省は、ダムの貯水量の水位や発電に関して事実誤認の内容が含まれていたほか、キャスターが事実誤認にもとづいたコメントなど行ったとして、テレビ朝日に抗議し（九月一四日）、テレビ朝日側も部分的に不十分な取材であったことを認め遺憾の意を表した（一一月三〇日）。この間のやりとりは、文書を含め、外務省ホームページから閲覧できる。

終章　ＯＤＡ、日本人の財産

一　ＯＤＡは途上国支援の第一歩

ほとんどこれでは物見遊山ではないかと言われてしまいそうな途上国での私の見聞録を、読者のみなさんはどのように受け止められただろうか。ＯＤＡと簡単に言うけれど、それぞれの案件が戦略や政策の目的に沿ってきちんと実施され、効果をあげるには、並大抵な努力では難しいというのが実感だ。

戦略、政策は別にしても、一つの案件を決め、実施する段階での関係者の多さは、気が遠くなるほどだ。日本側、途上国側を合わせると、かなりの数になる。関係者の数が増えれば増えるほど、一般論として情報の伝達が滞りがちになり、突発的な出来事で不具合が生じる可能性も増える。一つの不具合が案件の結果に影響を与えることもままある。それに途上国は、言語、習慣、行政の能力などのすべてにおいて異なるのだ。

よほど条件のよい日本国内の事業ですら、さまざまな困難を抱えているものが多い。それが実際に実施され、誰からも批判されない成果をあげることは、大変に難しい。その意味では、本書でとりあげた日本側のODA関係者の直面する課題から、ODAの限界や難しさを理解することができたとしたらうれしい。

本書が訴えたかったもう一点は、経済発展の重要性だ。経済発展をすれば、生活は豊かになり、人びとの表情は確実に明るくなる。二〇年近くの間に四度訪れたバングラデシュ、ダッカ。街並みの変化や人びとの服装や表情の変化が、そのことを何よりも教えてくれる。本書中でも述べたが、花屋を見つけて驚くとともに、本当に感激した。

二度目のラオス、ビエンチャン訪問では、すえたようなあの独特の臭いを発していたドブをあまり見かけなくなった。一九五〇年代の東京のど真ん中、渋谷にだってドブはあった。あるとき、真っ白な塊がうごめいているのを見つけて目を凝らすと、死んだ大きなドブネズミに蛆がたかっていたこともある。六四年の東京オリンピックを境にこうした光景は消えた。映画『ダーウィンの悪夢』を見て絶望的な気持ちになったタンザニア、ムワンザでも、撮影後六〜七年経ち、建設ラッシュに湧く街の様子や人びとの表情から、経済発展を確認した。

日々の食糧に事欠くようであれば、笑顔も生まれない。しかし、そのためには、ODAをはじめとする援助だけでは難しい。その意味では、ＯＤＡは経済発展の呼び水としての役割を果たしているにすぎない。途上国の人びとの自助努力や、ＯＤＡ以外の民間投資をはじめとする経済活動が、経済発展を促してきたのだ。しかし、そうした自助努力や民間投資を、日本をはじめとする援助国や国際機関、ＮＧＯが促したり、支える役割を果たしてきたことも事実だ。鶏とたまごの関係のように、どちらが先かを考えることはそれほど意味がない。しかし、両者は好循環を示してきた。日本に特化した具体例を思い出したい。

無償資金協力による道路の完成で、空港まで短時間に安定的な輸送が可能になり、バラ園（バラ栽培工場）を開設できたエチオピアの例。この地元企業の投資によって雇用が新たに生まれ、周辺の住民も、病院や町に、これまでよりも早く安全に行くことができるようになった。円借款が使われたインドネシアのコトパンジャン・ダムでは、安全な水や電力の供給が人びとの生活を改善するのはもちろん、これまで手がけてこなかった魚の養殖などのビジネス機会を生んだ。これに加えてビリビリ・ダムでは、洪水制御の効果も出ている。

それでも、コトパンジャン・ダムを含めた大型経済インフラ案件には常に住民移転がともなうが、八〇年代、九〇年代よりもはるかにきめ細やかな対策が、環境へのマイナスも考慮してとられるようになっている。もとより、関係者全員の満足を得ることは難しく、道路などの経済インフラ案件では、今後も計画から実施の段階まで、細心の注意が払われなければならない。

専門家や青年海外協力隊の隊員の技術協力によって、途上国の人びとは、技術もさることながら、日本人の生活の知恵や勤勉さを学んだはずだ。専門家のカウンターパートとして日本で研修を受けた途上国の人びとが、その後、政府や民間企業の幹部となった例は少なくない。彼らは日本とその途上国の架け橋としての役割を果たしてくれている。それは、援助する側の日本にもいえる。本書で紹介した協力隊員の声は、問題点の指摘ばかりだったが、それは、私があえて問うたからであり、彼らは途上国で民間大使としての役割を十分に果たしてきた。

協力隊と専門家の共同作業はまだまだ緒についたばかりだが、ウガンダで紹介したネリカ米の神様、坪井さんや、坪井さんを補佐する後藤さんのように、協力隊OBの専門家が増えている。ソロモン諸島の渡辺さんもそうだ。若いときに協力隊を経験し、後年、専門家として、また、JICA職員やNGO、さらには外務省職員として途上国に戻るというサイクルがより制度化されれば、ODA関係者の層は厚みを増すに違いない。

しかし、繰り返し述べるが、しょせんODAにできることは限られている。途上国への資金の流れは民間ベースが大半である。その意味では、日本企業を含めた内外の投資が、途上国や地域の発展には必要不可欠だ。その点は、後述する。私もお手伝いをした国際協力に関する有識者会議が、繰り返し官民連携を強調した意図はその点にある。かつて私もそうだったが、ODA関係者は、そのプロジェクトが目的に沿って、滞りなく進んでいるかどうかだけに関心を注ぎがちであった。いや、現在でも、そうかもしれない。ODAの限界を認識しつつ、それが途上国の人びとの福祉や生活の向上に一層役立つにはどうしたらよいのか。民間との協力が必要だとして何をしたらよいのかなど知恵を絞りたい。

官民連携というと、営利追求の企業となぜ協力しなければならないのかと消極的な声もある。投資活動の環境整備面での協力もさることながら、企業のCSR活動とODAのコラボレーションもある。企業に対する人びとの目は、いかに社会的使命を果たしているかにも向けられつつある。企業の側も敏感に反応し、社会貢献が目白押しだ。そのなかには途上国への息の長い支援を考えているところもある。ODA関係者の側が協力をもちかけるぐらいの熱意がほしい。

もちろん、NGOの役割の大きさはいうまでもない。第一〇章では、いささか一般的にとらえられているNGOとは違う、意見表明や政策に特化した活動を行うNGOに焦点をあてた。

こうしたNGOの活動が政策をチェックする役割を一定程度果たしてきたことは確かであろう。他方、途上国で具体的な案件を実施するNGOは数多く、政府やJICAもこうしたNGOの役割を高く評価し、連携を深めてきた（このあたりについては、拙著『日本はなぜ地球の裏側まで援助するのか』を参照してほしい）。そのことは、ODA予算削減のなかでも、財政的基盤が総じて弱いNGOに対する助成措置を強化してきたことからもわかる。

よりミクロに見れば、政府の基本政策を支持しながら民間で活動するNGOから、政府の政策では救いきれない貧困層を中心に活動を行うNGOまで、NGOと一口に言っても幅が広い。後者には、政府と距離を置き、案件実施の資金も政府の助成に頼らないところもある。いずれにせよ、私が訪れた国ぐにの大半で、日本のNGOは積極的な活動を行っており、その意味では、NGO版の本書のような書物が書かれてもよい。

本書で扱った案件や人びとは、第九章、第一〇章でとりあげた二つのダムの事例を除き、新聞もテレビもほとんど報じることはなかった（ウガンダの柏田氏は例外）。関係者は、その問題解決に取り組み、案件を実施していく。よいことであっても、それが大きく報じられることは少ない。関係者にとっては問題であっても、報道の対象になるほどのものではないと判断されてしまう。せいぜい、「こぼれ話」や「ちょっとよい話」として、コラムで紹介される程度だ。ＯＤＡとして行われている日本の協力の大半はこうした陽の目のあたらない地味なものなのだ。

反対に、ダムの例が典型であるように、「失敗に見える」状況が生まれると、メディアは飛びつく。当然のことながら、その記事に疑問を呈するようなコメントは記事や報道のなかには出てこない。問題は、こうしたメディアの報道が、人びとのＯＤＡイメージを規定してしまうことだ。読者や視聴者には、メディアのもつ情報を超えて判断する材料がないからだ。ＯＤＡをこれからも継続していくには、一般の人びとが、メディアのＯＤＡ報道を冷静に、また、客観的に見る力、つまりメディアリテラシーが問われることになる。

二　触れられなかった課題

最後に、本文中では触れる機会のなかった日本の国際協力の課題、あるいは、十分に触れることのできなかった課題について検討しておこう。

「闇の子供たち」をODAで救えるだろうか

次のようなエピソードからはじめたい。

「幼児売春のことが書かれた本を高校の先生に勧められて」と、女子学生は国際協力に関心をもった動機について語った。映画化された梁石日（ヤン・ソギル）の衝撃的な作品『闇の子供たち』を読んだのだなと思って彼女を見返した。澄んだ目が眩しかった。闇に葬り去られようとしている幼気な子供たちを何とか助けたい、そう考えていることは間違いない。

「援助の世界でできることは少ないんだよね」と私がつぶやくように返すと、一瞬、女子学生の表情が曇った。二〇〇八年八月、私が担当した慶應義塾大学総合政策学部のオープンキャンパス（受験生対象）で行われた模擬授業のあとの一コマだ。

原作の舞台であるタイに限らず貧困にあえぐ途上国では、今でも、娘や息子を幼いころに売り飛ばし、生活の糧にしているというおぞましい実態があるという。売春宿に商品として「売却」された子供たちは、欲望むき出しの欧米や日本の幼児性愛者の対象となる。生きたまま臓器売買の犠牲になることもある。あげくの果てにＨＩＶを発症し、商品価値のなくなった子供たちのなかには、ごみ捨てに捨てられる者もいる。

こうした考えたくもない「現実」が今でも続いている。問題の解決を必要としている人びとが大勢いる一方、国際協力や援助の限界や難しさをこれほどまでに教えてくれるエピソードはない。

途上国の数多くの子供たちが人身売買をはじめとして大人の犠牲になっている現状は、国連機関のユニセフ（Unite for Children）のホームページの「世界の子どもたち」のコーナーからもよくわかる。ケニア、ラオス、モルドバ、中国、ブラジル、ガンビア、ネパールなどの事例が紹介されている。犠牲になった子供たちの自立支援を積極的に行ってきたユニセフの懸命な努力にもかかわらず、『闇の子供たち』が扱った幼児売春はいっこうに減っていないのだ。

だからといってユニセフの限界を嘆くことは、ここでの真意ではない。それどころか、もし、職業訓練など社会復帰の機会をユニセフが子供たちに提供していなかったら、状況はさらに悪化していることは間違いない。それにしても罪作りな話だ。援助国はせっせと途上国の福祉向上、経済発展を目指して公的な資金を投入し、他方、一部とはいえ同じ援助国の人びとが、援助されるべき人びとを犠牲にしている。

日本政府も、とかく軽視されがちな途上国の婦女子の人権や政治参加については関心を示してきた。ＯＤＡ大綱の基本方針では「人間の安全保障」が謳われている。この考え方をあてはめてみると、人身売買などの犠牲となっている途上国の子供たちは、大綱のいう「尊厳ある人生」が奪われている状況にあることは間違いない。日本政府がユニセフと同様に、世界各地で、ＮＧＯを介したものも含め、子供たちの自立支援プログラムを実施してきたことは、その意味で当然である。

しかし、『闇の子供たち』に登場するＮＧＯにしても、国連機関にしても、日本をはじめとする援助国にしても、現に犠牲になっている子供たちを直接救ったり、新たな犠牲者を生まないようにするという点では、ほとんど無力だ。原作が示しているように、志はどんなに尊くとも、NGOが、SOSを発してきた犠牲になった子供一人を救い出すことさえ至難の業《わざ》だ。売春宿のシンジケートは、警察や軍隊、いや行政や政治家とのネットワークから出来上がっていることが、途上国での常識のようだ。しかも全体像が見えにくい。いや、意図的に見えにくくされているのだ。本来ならば、国民の生命、財産を守る側であるはずの政府さえも、途上国においてはしばしば無力である。

こうした途上国に対して、捜査権もなく、内政不干渉が大原則の外国政府による援助では限界がある。NGOのようにメディアと協力して実態を暴くという融通性にも欠ける。ODA大綱で「人間の安全保障」を打ち上げようとも、お題目だけで終わっているではないかと批判されても仕方のない現実がある。

犠牲になる子供たちを直接救うという意味では、以上のようにほとんど外国政府は無力だ。舞台となったタイでは『闇の子供たち』が上映禁止となったことが、そのことを物語っている。しかし、何もなす術はないのか。そうではないだろう。たとえば、子供を売買春の対象としている現状は、先進国の国際的な標準から考えてもおかしいことを、証拠をもって繰り返し指摘する。こうした啓蒙活動を、HIVと同様にODAの資金を使ってセミナーやシンポジウムの開催を通して行っていくことは可能だろう。その際に注意すべきは、需要側である先進国側の問題点を同時に指摘することだろう。われわれの側の教育・啓蒙活動にも、実態がどうなっているかのデータが必要なのだといって先方の協力を求めるのだ。おそらくすでに行われているとは思うが、少女たちの供給源である貧困にあえぐ地域の実態調査はＯＤＡの案件形成にも役立つに違いない。

こう書きながらも、先の女子学生の問いに十分に答えられていないなと、内心忸怩《じくじ》たる思いだ。

資源開発目的のＯＤＡを考えてみる

主要国の中では群を抜いて天然資源の乏しい日本は、途上国を中心にその大半を輸入に依存している。にもかかわらず、日本は巨額のＯＤＡを注ぎ込みながら、日本企業による天然資源の開発や輸入と明確にリンクさせることは避けてきた。おそらく、八〇年代から九〇年代にかけて、日本のＯＤＡが企業に環流しているとの内外からの批判がやまなかったからであろう。つい最近まで、ＯＤＡはビジネスとは直接関係がないという姿勢が貫かれ、資源開発も日本の商社を中心にビジネスベースで行われてきた。

円借款の受注企業が日本企業のひも付きだった時代は、とうに昔の話だ。逆に、この一〇年ほどは、日本のＯＤＡなのに日本企業が受注できないのはおかしいとの声が強まり、環境など特別な条件をクリアした案件については、日本企業が落札できるようになった。

資源開発においても同様だ。それどころか、背に腹は変えられなくなりつつある。中国やインドの経済成長が著しく、資源獲得競争が激しくなったからである。石油、天然ガス、ウラン、ニッケルなどなじみの天然資源だけではない。日本が世界をリードしてきたハイブリッド車のモーターに必要なレアアース（中国が世界の九七％を生産）、電気自動車の電池用のリチウム（チリ、ボリビアに多い）、排ガス規制に必要な白金、パラジウムなど、途上国に偏在する希少資源が争奪戦の対象となっている。

その大半を自国が埋蔵するレアアースについて、中国は輸出規制をかけ、欧米諸国からＷＴＯに提訴されている。その中国だが、スーダンやアンゴラでは国営の石油会社が石油生産の見返りに経済援助を行い、銅を産出するザンビアでは経済貿易協力区を設置している。国営のインフラ企業である中国中鉄はコンゴ民主共和国で銅開発と道路建設に着手した。

こうした状況を前に、日本政府も腰をあげざるをえなくなっている。中国の経済援助は、道路にはじまり、サッカー・スタジアムや競技場、国会議事堂、外務省舎の建設と、実にわかりやすい。問題は、ハコモノ建設のために、中国人がアフリカ諸国に大挙して押し寄せてきたことだ（現在では、道路建設などにおいて中国人の登用は中間管理職レベルにとどまり、現地雇用を増やしているようだ）。ホテルでは中国語が飛び交い、何度も「中国人か」と聞かれたことがあった。中国はこうしてハコモノを建設し、資源開発を確実にするというのが、一般的な見方だ。

日本のやり方は、あくまで紳士的だ。日本企業の投資が円滑に行われるようにＯＤＡが側面から支援するというもので、基本的に一企業の支援は避けている。マダガスカルで住友商事がニッケル鉱山開発を進めており、積み出し港整備などへの円借款が認められた。港湾整備であれば、ほかの企業も利用する可能性が高く、一企業支援にはならないと判断されたからだ。

他方、別の商社が西アフリカのギニアで鉄鉱石とボーキサイトの探査権を取得したので、道路をODAで整備してほしいとの要請は、一企業支援になる可能性があるという理由で認められなかった。公共性という点で弱いからだ。南アフリカに進出する日系企業が従業員とその家族に、無償資金協力でHIV感染予防対策を実施するというケースは、地域住民全体にという前提で認められるべきだと思った。もっとも、豊田通商がレアアースの鉱山権益をベトナムで獲得したのは、ベトナムへのODAの蓄積と無関係ではないだろう。

資源の輸入や投資を企業が本格的に手がけようとするならば、ODAだけでは不十分で、投資協定の締結や貿易保険との組み合わせこそが重要となろう。第一章で触れた海外経済協力会議が、わざわざODAに特化せず、経済協力全体を議論する場としたのも、資源開発、資源獲得を念頭においてのことだ。この点はODAが超党派的側面をもつ以上、民主党政権でも大きく変わらないであろう。もっとも、資源開発とODAの関連を強調しすぎると、本書が扱ってきた従来型の援助の目的や成果が霞んでしまいかねない。改めて「情けは人のためならず」との格言を思い出したい。途上国の人びとへの支援は、まわりまわって日本の人びとの利益として戻ってくるのであり、短期的に目に見える形で返ってくることは少ないのだ。

援助の世界で中国をどうとらえるか

本書の影の主役は中国と言ってもよいほど、いずれの途上国でも、援助や投資面で中国のプレゼンスは大きかった。ラオス、バングラデシュ、ウガンダ、ケニア、タジキスタン、フィジー、みなそうだ。冷静に考えれば、中国は、一九五五年にバンドンで開かれたアジア・アフリカ会議以来、第三世界の盟主だ。したがって、経済発展を果たす過程で、しだいにアフリカをはじめとする各地域で援助や投資の実績を重ねてきたのは自然なのだ。アフリカに関しては、台湾と国交のある諸国への接近という政治的思惑もあった。もっとも、前項で紹介したような、資源開発とリンクさせた中国の積極的な経済外交は近年のことだ。〇六年には日本のTICAD（東京アフリカ開発会議）と対抗するかのように、北京に四八ヶ国のアフリカ首脳を招待し首脳会議を開いている。

中国の援助の最大の問題は、実態がよくわからないことだ。日本や欧米諸国と違ってOECD（経済開発協力機構）に未加盟の中国は、DAC（開発援助委員会）のメンバーでもないため、援助に関する諸データの報告義務を負っていない。そのため、無償資金協力は別にしても、貸し付けに際しての条件がDACの定義するODAに該当するのか、民間企業の貸し付け条件に近いOOF（公的開発基金）なのかなど、疑いをよんでいる。しかも、政府ではなく、共産党が直接、仕切ることもあるという。つまり、在外の中国の大使館でさえ、当該国の中国のODAの情報を十分把握していないこともある。他方、本書で数多く紹介したように、外務省舎やスタジアムの建設のようなハコモノの建設は目につきやすく、中国の援助の実態を実際よりも大きく見せる。

中国に対する批判は中国が行う援助の中身にとどまらない。経済大国となった中国は、核を保有し、有人衛星を打ち上げ、ミサイルなど兵器の輸出も手がける。チベット、ウズベキスタンでの人

日本の無償資金協力で建てられた西安市の小学校（上）とそこで学ぶ子供たち（下）

権弾圧では国際的な非難を浴びている。こうした国が援助側であることはともかく、援助を受ける資格はないとの批判は日本で根強い。

日本とは、小泉内閣時代に吹き荒れた靖国神社参拝をめぐる歴史認識問題が引き続き横たわっている。こうしたさまざまな要因を考慮して、中国への円借款の新規供与は〇八年三月で停止された。円借款が金額ベースで対中ＯＤＡの約八割を占めてきたことからすれば、けっして影響は小さくはない。〇九年三月に北京で会った共産党の幹部も、商務部の局長も、円借款の再開に期待をかけていた。日本よりもはるかに財政が健全な中国のこと、資金の調達には不自由はない。しかし、巨額の費用を必要とするインフラ案件や環境案件では、貸し付け条件のよい円借款は魅力的だ。私は日本にとっても無視できない経済発展にともなう環境悪化を防ぐためにも、環境案件に特化して円借款を再開すべきだと思う。他方、技術協力は継続し、無償資金協力は草の根・人間の安全保障無償資金協力を除き、原則撤退することにしたい。

〇九年三月の中国訪問まで私は、経済大国中国で、なぜ日本が小学校や中学校を建設しなければならないのかおおいに疑問だった。拙著『日本はなぜ地球の裏側まで援助するのか』にもそのことを書いた。国づくりの基本である教育を、校舎建設とはいえ、外国の援助に頼るのは国家としての義務の放棄だとまで考えていた。ところが、西安市近郊藍田県の貧しい農村に草の根・人間の安全保障で建設された小学校（費用九六六万円）を訪れ、ほっぺたを真っ赤にした数多くの子供たちの笑顔を見て、少々考えを改めた。何も歓迎されたからというわけではない。この子供たちが将来、大きくなったときに、日本に対してどういう感情を抱くかを考えたのだ。校舎が日本によって建てられたことを子供たちは知っているし、それを記したプレートもある。少なくとも、日本に対して悪い感情は抱かないはずだ。微妙な問題を抱えた日中関係がよりよく展開するための投資だと考えたい。

より政治的な意味もある。日本が中国の地方とネットワークを築くという点からも重要だからだ。大使館への申請にはじまり建設を終えるまでの過程では、共産党はじめ地方の有力者と接触することになる。こうした副次的な効果を考慮すれば、小学校の建設の波及効果はきわめて高いという意見に、なるほどと思う。わずかな金額とは言えないが、通常の無償資金協力の単位が億であることを考えれば、正直、コストパフォーマンスは抜群だ。案外、日本の援助も戦略的に行われていることを知ってほっとした。

日本としては、中国との関係を今後どうすればよいのだろう。ただ、傍観するだけなのか。アイディアが二つある。一つは、部分的になされているようだが、中国のOECD加盟を極力促し、DACのメンバーとなってもらうことだ。加盟にあたっては、国内経済システムの規制の撤廃などの条件を満たすことが必要で、当然、これまでのところ中国は慎重だ。しかし、さまざまな分野で主導権を発揮したい中国が、金持ちクラブであるOECDにいずれは入りたいと考えるのが自然だ。各国の援助政策にも強い影響力をもつ世界銀行のナンバー二である副総裁兼チーフエコノミストには、中国人の林毅夫（リン・イーフー）氏が〇八年二月から就任している。援助フォーラムとしてのOECD・DACに、中国が加盟する環境は整いつつある。加盟までの工程表などを用意して、粘り強く説得することを考えるべきだ。

二つは、温家宝首相、胡錦濤主席の来日時にも原則が確認されたが、日本と中国が協力して、アフリカなど特定の国で一つの案件を共同して進めるというアイディアだ。日本と国際機関以外のドナーが共同で援助を行うことは、バングラデシュ第二の都市チッタゴンで展開されている上水道整備事業での日韓共同プロジェクトなど、すでに実績がある。もとより、OECDにも加盟していない中国との共同事業は、両国の方法が異なるためもあり、実務レベルでは消極的だ。コストがかかるわりには実りは少ないと考えられるからだ。にもかかわらず、そうしたハードルを超えるための地道な努力が中国のOECD加盟を促し、将来の日中関係をより強固なものにするのではないだろうか。

緊急の援助、ODAと自衛隊

日本が現在、行っている国際協力は、私が訪れたような平時における協力だけとは限らない。平時とは異なる非常時、緊急時での援助も行われている。大きく二つに分類しよう。一つは、援助の対象となる状況が地震、津波、風水害などの自然災害によって発生している場合だ。この場合は、すぐさまJICAの緊急援助隊が途上国の災害現場に向かう。隊は救助、医療、専門家（地震であれば耐震診断など）の三チームからなり、救助チームは要請から二四時間以内の出発を目標としている。JICAに登録されている警察庁、消防庁、海上保安庁の職員、それに医師や看護師、さらに場合によって国土交通省などの専門家も加わるオール・ジャパンの支援体制だ。

〇六年のインドネシア、スマトラ沖地震や、最近では〇八年に八万人を超える死者、行方不明者を出した中国、四川の大地震での活躍が知られている。献身的な日本チームの救助活動に対する中国側の評価は、日本側が驚くほど高かった。これまで、救助チームは一二回、医療チームは四四回の出動実績がある。経験もノウハウも蓄積している。私が、〇一年一月に訪れたトルコ大地震の被災現場にも、発生直後に緊急援助隊が派遣されていた。一〇年一月のハイチ大地震でも自衛隊のPKO活動の前に緊急援助隊が派遣された。

非常時の支援のもう一つのタイプは人為的な理由、つまり内戦や外国からの侵略による被災者、被災地への支援だ。平時とは対照的に、治安の悪い危険な地域での協力だ。冷戦崩壊後、世界の期待とは裏腹に、アフリカや旧ソ連圏を中心とした地域で、民族間の対立や内戦が堰を切ったように勃発している。各国とも紛争終結後の治安維持や、復興に協力を惜しまなかったが、わが国に問われたのは、憲法九条を堅持しながら、どこまで自衛隊が協力できるかということであった。

まずは、治安の回復が必要であり、この段階では、銃火器を携行した軍隊がPKOや多国籍軍の枠組みで活動する（ハイチの大地震では、自然災害に対する人道支援だが、現地の治安状況が悪化しているため、自衛隊は小火器を携行した）。この点は後述するとして、紛争が終結したあと、その国は復興の過程に入る。しかし、私が訪れたような平時の開発を目的とした援助が可能になる状況ではない。治安はけっして安定しているとはいえないが、生活は落ち着きを取り戻しはじめる。紛争を逃れていた人びとのなかには、この段階になると故郷に戻りはじめる人もいる。こうした人びとへの支援が必要になる。

日本はこの段階、つまり、治安が不安定な段階で、どのような協力をしているのだろう。カンボジアやイラクのサマワ、東ティモールでの自衛隊部隊の復興支援を想像するだけでは十分ではない。ODAでも、治安が不安定なか、安全に最大限の注意を払いながらJICAが中心となって復興支援のお手伝いをしている。

たとえば、内戦のあと、九九年にインドネシアから分離独立した東ティモールには、大使館より前にJICAの事務所が首都ディリに開設された。内戦の被害で、天井が焼け落ちた家いえが立ち並ぶディリの街並みと、澄んだ空気と真っ青な空と海が不思議なコントラストをなしていたことをよく覚えている。〇〇年九月のことだ。

その段階で、すでにJICAは本格支援のための開発調査をいくつか実施しており、その一つでは試験的に小規模のインフラ整備（灌漑施設の補修）を進めていた。平和構築分野でのJICAの並々ならぬやる気を感じた。

治安は大幅に改善しているが、ルワンダで見た除隊兵士の職業訓練への支援も平和構築の一部を担っている。

平和構築といってもなじみがないかもしれない。一言でいえば、紛争地域における国際協力について、時間の概念を織り込んで作り上げた見取り図だ。紛争の勃発から、停戦、和平合意を経て、復興、開発までの長い過程で、軍事、政治、経済・社会的枠組みの三分野で協力、支援が実施される。復興、開発が進むにしたがって、治安が回復し、平時での援助につながっていくと考える。この過渡期で、以前は考えられなかったJICAによる援助が行われているのだ。

東ティモールでは、給水施設の整備などNGOの協力現場も見たが、いつもNGOの足の速さには驚かされる。自衛隊のPKOが開始されたのは、それから一年半後の〇二年二月のことである。

現在、世界でもっとも治安の悪いとされるアフガニスタンでも、人びとは復興に向けてまっしぐらだ。ほとんどメディアの報道対象にならないが、日本は、専門家をはじめとしてJICA職員七〇名がその支援にあたっている。協力内容は、帰還民の定住促進のためのコミュニティー開発や職業訓練、識字教育にはじまり、自給自足を目標にした農業、国家的に取り組まれている結核撲滅、教師の能力向上など、国づくりに必要な各分野への無償資金協力、技術協力での支援が行われている。まさに、関係者は平時の開発支援が可能になる日を夢見ながら支援に必死だ。

こうしたＪＩＣＡによる平和構築への取り組みはアフガニスタンのほか、民族和解を目指したコミュニティー開発を行っているボスニア・ヘルツェゴビナ、ようやく内戦が終結したスーダンの首都での基礎インフラ整備、これまで隣国ヨルダンから遠隔操作で行ってきたイラクでの支援など、いくつもある。

私が本書で紹介した平時の協力に比べ、緊急時の援助、治安が十分には回復していない段階での協力には困難をともなう。自然災害発生直後の緊急時には、情報が混乱、錯綜し、支援活動に支障を来たすこともある。各国の援助が殺到し、受け入れ国自身が、対応に慌てふためく可能性もある。紛争による被災者、被災地域への支援では、何よりもふたたび治安が悪化した場合に、継続か撤退かの決断を迫られることもある。治安が悪化している現在のアフガニスタンでは、今ではプロジェクトの現場はローカルのスタッフに任せ、日本人職員は現地事務所内でもっぱら指示するという方法をとらざるを得なくなっている。

そこまでして税金を使って援助する意味があるのかどうか、議論は分かれよう。私は、ＮＧＯではなく、途上国への支援に熱意を寄せる国家としての意思を示すという意味でも、ＯＤＡによる協力こそが必要だと思う。いずれにせよ、日本が行ってきたＯＤＡには、私が訪れた平時の援助の現場だけではない。危険と隣合わせの現場で、途上国の復興支援にあたる日本人の姿を見出すことができることは是非知っておきたい。

自衛隊の国際協力をどう考えるか

本書が取り扱ったのはＯＤＡだが、皮肉なことに憲法上の制約から、道路の補修や輸送業務など後方支援が中心になっている自衛隊の協力の実態はＯＤＡと似通っている。その一方、ＯＤＡの予算が削減されるなか、政治の世界では自衛隊の国際協力の必要性が強調されてきた。ＯＤＡは予算増を含めて積極的に進めるべきと考える側からすれば、自衛隊の国際協力の拡大が、ＯＤＡ削減の免罪符のようにも映る。もちろん、こうした見方は正しくないのだが、そう思えるほど、自衛隊の国際協力は政治やメディアの注目を浴びてきた。実際、一九九二年に自衛隊部隊、警察がカンボジアＰＫＯにはじめて従事して以来、国際平和協力法にもとづくＰＫＯ及び人道支援、いくつかの特別措置法にもとづくさまざまな海外での活動、さらには、国際緊急援助隊法にもとづく輸送や医療の支援など、実績を積み重ねてきた。

国連ＰＫＯでは、カンボジア、モザンビーク、ゴラン高原、東ティモール、ネパール、スーダンの六ヶ所。特別措置法では、〇一年のテロ対策特別措置法にもとづく給油支援（〇八年一月に給油新法）、〇三年のイラク支援特別措置法にもとづくサマワでの人道復興支援、〇九年の海賊対処法などが作られた（二〇一〇年二月六日、大地震にみまわれたハイチに、国際平和協力法にもとづき、国連ＰＫＯに参加のため自衛隊が派遣された)。

もっとも、一見、活動は活発に行われているように思えるが、国際標準に達していないところもある。国際平和協力法も特別措置法も、憲法九条の枠内での自衛隊の協力が前提だ。したがって、治安が悪化した場合には、紛争に巻き込まれないように、撤退したり活動範囲を変更することになっている。基本的には発砲は、正当防衛か緊急避難で説明できる場合のみ行える。当初、多国籍軍として行う国際協力活動にもかかわらず、危険の迫る他国の隊員を救助できないという奇妙な状況が懸念された。自己の管理下に入った場合には他国の隊員を救助することができるというように規定を改めたのは、比較的最近のことだ。基本的に日本向け商品を積む商船の警護を規定した海賊対処法では、他国向けであっても、要請があれば警護を実施できるようになった。徐々にだが、憲法九条を柔軟に解釈し、協力の範囲を拡大している。

しかしながら、国際平和協力法で凍結されていたPKOの本体業務である警備、警護活動は、可能になったにもかかわらず実績はまだない。派遣される側の自衛隊自身が、案外、国連PKOに消極的に見える。活動が、道路の修理や食糧の買い付けなどの後方支援活動にとどまっているためだろう。部隊単位での本隊業務への参加に踏み切るのは、いつになるのだろうか。

それにしても日本の国連PKOへの参加は、現在、ゴラン高原など三ヶ所。ランキングでは八四位だ(〇九年九月現在。その後一〇年一月、前述のようにハイチ大地震に際して自衛隊がPKO活動として派遣された)。中国の国連PKOへの初参加はカンボジアPKOだったが、現在、実績という点で、日本をはるかに引き離している。中国は一〇ヶ所だ。韓国も同じく一〇ヶ所だ。特別措置法による海外活動はともかく、国連ＰＫＯ活動への参加の消極性は際だつ。国連の枠組みのもとでは、特段の不都合があるのだろうか。国際社会からは求められる機会の多い自衛隊の国際協力だが、日本国内では、いまだ憲法九条アレルギーが残っている。ＯＤＡでは国際社会をリードしてきた日本も、この点ではまだ不十分だ。とはいえ、自民党、公明党政権は〇七年に防衛庁を防衛省に格上げする一方、国際協力を自衛隊法の本来任務とした。民主党政権も国連の枠内での自衛隊の活動には熱心である。

国際緊急援助隊法にもとづく自衛隊部隊の自然災害への派遣も重要だ。九八年の中南米ホンジュラスのハリケーン被害の際の治療、防疫にはじまり、スマトラ沖地震まで派遣は九件を数える。自然災害による被災者支援という目的から、自衛隊は火器を携行しない丸腰の参加だ。四川の大地震でも、一時期、自衛隊機による救助物資の輸送が検討されたが実現を見なかった。

私は、自衛隊の国際協力を、現在よりも積極的に行うべきだと考えている。とりわけ、国連ＰＫＯへの参加には積極的に手をあげるべきだろう。部隊単位でなく、司令部要員を派遣する方法も、より積極的に活用すべきだ。それは、日米同盟という点から説明が可能な特別措置法による自衛隊派遣よりも、国内の支持が得られやすいからだ。国際緊急援助隊法にもとづく災害救援も、より多くの実績を積み重ねたい。給油活動はもちろん重要だが、特別措置法による自衛隊の海外活動は、政治を巻き込み、コストがかかりすぎる。憲法九条を堂々とクリアできる国際平和協力法にもとづく自衛隊の派遣を、部隊単位で進めるべきだ。その際には、カンボジアＰＫＯで犠牲者を出し、以来、消極的になった警察の国際平和協力も積極的に進めたい。これは、交番を中心とした市民警察の普及を支援する協力とも両立するはずだ。

では、ＯＤＡとの関係はどうなるのだろう。前項で述べたように、平和構築の見取り図にしたがえば、紛争終結後まもない治安の不安定な状況下では、軍事部門が停戦状況を監視することになる。治安がしだいに回復し、国づくりが本格化する段階では、カンボジアや東ティモールで見られたような自衛隊の復興支援活動が重要になる。この段階では、ＯＤＡによる本格的な国づくりのプログラムがはじまっている。東ティモールに自衛隊部隊が派遣されていたのは〇二年二月から〇四年六月までのことだが、その間に、ＯＤＡによる無償資金協力や技術協力はスタートした。そうしたことから、将来的には国連ＰＫＯ活動に参加した自衛隊に安全を確保してもらいつつ、ＯＤＡの活動が行われるということもありえよう。東ティモールで会った日本のＮＧＯの青年が、自衛隊ではなく、バングラデシュの兵隊に守られながら、なぜ活動しなければならないのかと語ったことが今でも忘れられない。

一つの案件をＯＤＡと自衛隊が共同して行うということは考えにくい。ＯＤＡとは違い、自衛隊は寝食をともにする自己完結型の組織だからだ。両者の協力には限界がある。しかし、シリアやイラクのサマワでＯＤＡが行われてきたことで、自衛隊の海外活動が円滑に進んだことを改めて思い出したい。

ＯＤＡと自衛隊。両者は役割も目的も異なるように見えて国際協力の活動では似通っているところがある。何より、貧困であれ、紛争の被災者であれ、困っている人を助けたいとの思いは同じだからだ。したがって、人的貢献は自衛隊、ＯＤＡは資金の協力などといって、国際社会では自衛隊の協力こそ評価されるなどという単純な議論を展開すべきではない。本書全体が明らかにしているように、ＯＤＡは人的貢献そのものだからだ。逆の意味で、ＯＤＡ関係者が、自衛隊の協力は軍事的なものだなどと決めつけることもよくない。

気が遠くなるといったら、大げさだろうか。本書を書きおろしながら、日本が実に多岐にわたる分野で途上国への協力を重ねていることを改めて確認した。終章では、自衛隊の協力にも言及した。自衛隊の協力の現場視察は、ゴラン高原を九〇年代末に二度訪れて以来、ご無沙汰している。現状について十分な知識もないままに、これ以上の感想を述べることは適当ではないだろう。海賊対策にまで広がった自衛隊の活動について、政策論として議論することは可能でも、「現場で考えたこと」を柱に据えた本書の性格にはなじまない。機会を改めて論じよう。

それでも、私が最後に訴えたかったのは、繰り返し述べるようにＯＤＡと自衛隊が援助のライバルになってはいけないし、なるべきでもない、いや、そのように部外者が見るべきではないということだ。日本の国際協力の将来のあるべき姿は、ともに歩む姿だ。とはいえ、五〇年以上の歴史を誇る日本のＯＤＡが、国際協力という点では日本のあらゆる組織に比べて比較優位があることは間違いない。各章でも言外に指摘してきたように、それは国際的にも比較優位がある。日本は、ほかの援助国に比べると、協力隊だけでなく、専門家も泥だらけ、汗まみれで現場に入っていく現場主義を重んじている。途上国の関係者から、日本の現場主義への評価がたびたび聞かされた。この比較優位は、本書で紹介した援助関係者が直面する困難さを割り引いたとしても、日本の誇る財産だと言ってよいだろう。こうした事実は、本書の第一章で述べたように、外務省やＪＩＣＡの広報努力にもかかわらずあまり知られてこなかった。本書がその一助になれば幸いである。

あとがき

いやはや、編集の石浜哲士さんを何年お待たせしただろうか。おそらく五年。いやそれ以上だ。辛抱強く、お待ちいただいた石浜さんに、まず感謝しなければならない。

お待たせしたぶん内容が濃くなったと言いたいところだが、その判断は読者に委ねるしかない。しかし、完成が遅れた結果、ＯＤＡの成果やＯＤＡをとりまく環境の大激変、さらには政権交代をも視野に入れることができた。たとえば本書でも述べているように、日本のＯＤＡをはじめとする各国の協力や、それを受け入れてきた途上国側の努力もあり、この間、経済発展の成果は着実に見られるようになった。もちろん、貧困にあえぐ人びとは相変わらず数多いが、それに対するきめ細やかな対策が、各国によって模索されていることも書き込むことができた。

大激変は、日本の財政悪化の影響だ。そもそも、景気が悪いときには援助の余裕はないと考える人が多いのは、これまでの傾向だ。しかも、少子高齢化を迎える日本の将来が、さらに追い打ちをかけている。こうした状況のもとで、どのようにＯＤＡを進めていくべきかを議論するためには、この五年の歳月が重要であった。さらにいえば、この五年で、本書で紹介したような着実に発展しつつある援助の現場を訪れることができた。それまでもアジアを中心に途上国を訪れてはいたが、アフリカや中央アジアや、太平洋諸島ははじめてであった。これらの経験が、本書をより興味深いものにしたとすればうれしい。

また、これまで外務大臣の私的諮問機関であるODA総合戦略会議及び国際協力に関する有識者会議委員の一員としてODA大綱の制定や、国際協力に関する有識者会議で、あるべき姿について報告書を作成するお手伝いをした経験や、さらには各委員と行なった議論も、本書の内容に間接的に反映されているはずだ。

もとより、すでに触れているように、評価のような厳格なものではなく、案件に関する感想が中心となった本書については、事実関係の誤りもあるかもしれない。すべて私の責任であることを記しておくと同時に、本書の目的からお許し頂ければ幸いである。

外務省やJICA、旧JBIC、APIC（国際協力推進協会）はもちろん、メディアなどの協力がなければ、本書が陽の目を見ることはなかった。改めて感謝したい。

また、第四章から第六章及び第八章の初出は『国際開発ジャーナル』であり、第一〇章は雑誌『諸君！』である。記述に修正を加えているが、転載を快くご了解頂いた両社にも御礼を述べたい。加えて、折原健太君はじめ草野研究会の諸君のフィールドトリップや授業での議論もおおいに参考になった。とりわけ画像の大半を提供してくれた真田陽一郎君には感謝の言葉もない。

最後に、つけ加えておきたいが、途上国への渡航費用は、宿泊や食事、移動のための借り上げ車代などを含め、国別援助計画策定の委員として出かけたラオスの一回及びJICAの有識者派遣で訪れたフィジーとソロモン諸島の二回を除き、原則個人もちである。
日本と途上国のさらなる良好な関係が築かれることを祈りつつ……。

二〇一〇年　春

草野　厚

草野　厚――くさの・あつし

●1947年、東京生まれ。上智大学大学院外国語学研究科修士課程修了、東京大学大学院社会学研究科博士課程修了。社会学博士。現在、慶應義塾大学総合政策学部教授。専攻は、政治学、戦後日本外交論、国際協力論、政策過程論。ドキュメンタリー番組を検証するNPO「メディア検証機構」理事長や、テレビのコメンテーターなどを務め、幅広く活躍している。
●著書に、『ODAの正しい見方』（ちくま新書）、『解体――国際協力銀行の政治学』（東洋経済）、『政権交代の法則』（角川oneテーマ21）、『日本はなぜ地球の裏側まで援助するのか』（朝日新書）など多数。

NHKブックス［1154］

ODAの現場で考えたこと　日本外交の現在と未来

2010（平成22）年4月25日　第1刷発行

著　者　草野　厚
発行者　遠藤絢一
発行所　日本放送出版協会（NHK出版）
東京都渋谷区宇田川町41-1　郵便番号150-8081
電話　03-3780-3317（編集）　0570-000-321（販売）
ホームページ　http://www.nhk-book.co.jp
携帯電話サイト　http://www.nhk-book-k.jp
振替 00110-1-49701
［印刷］啓文堂［製本］藤田製本［装幀］倉田明典

落丁本・乱丁本はお取り替えいたします。
定価はカバーに表示してあります。
ISBN978-4-14-091154-9　C1331